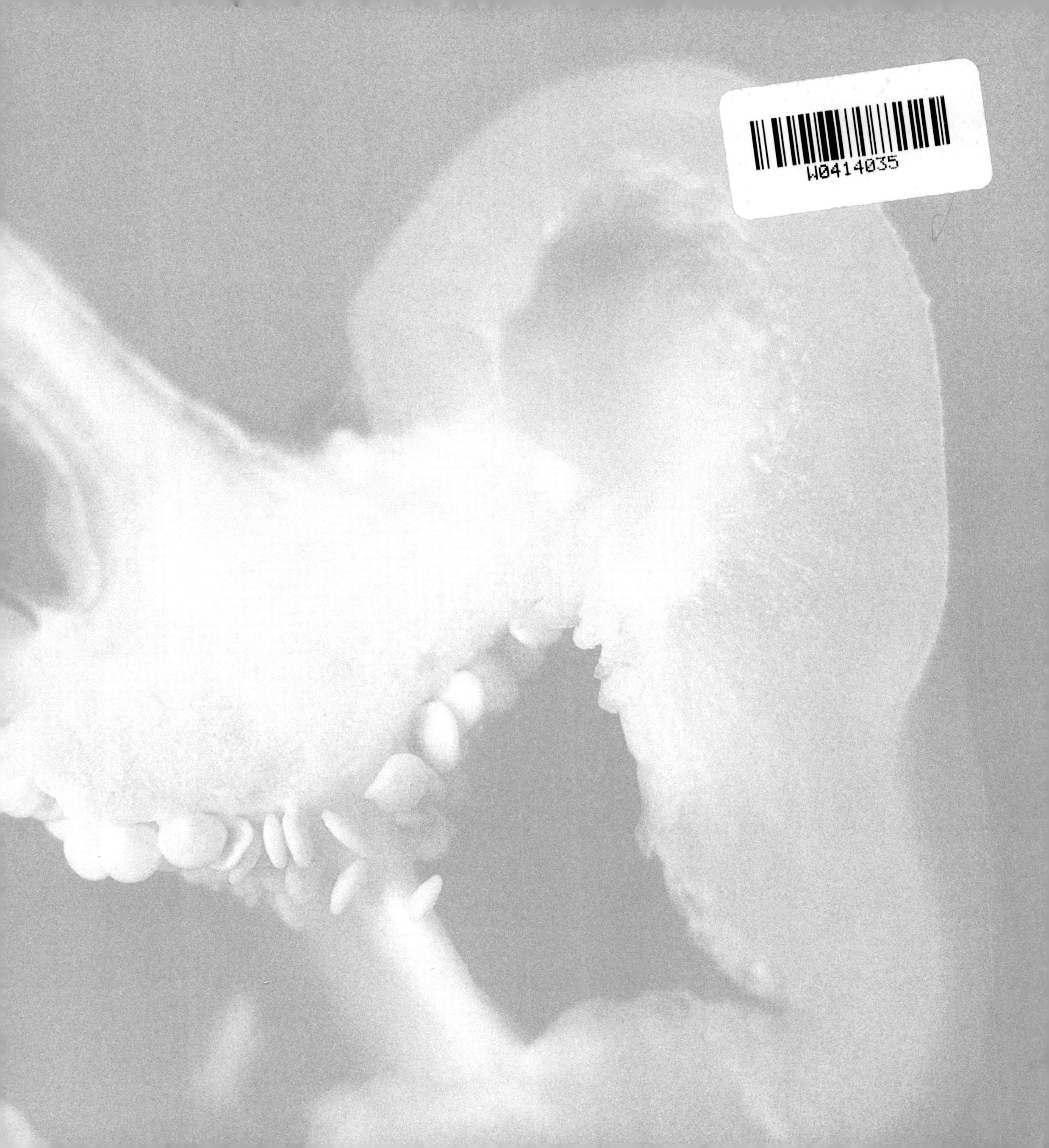

20-Minuten-Küche

ANNEMARIE WILDEISEN

20-Minuten-Küche

AT Verlag

AT Verlag, Aarau, Schweiz
Umschlagbild: Andreas Thumm, Freiburg i.B.
Fotos (Inhalt): Gabriela Brugger, Malters
Fotokochen und Rezeptmitarbeit: Florina Manz
Layout und Satz: aubergine, Heidy Schuppisser, Baden
Lithos: AZ Grafische Betriebe AG, Aarau
Druck und Bindearbeiten: Stalling, Oldenburg
Printed in Germany

ISBN 3-85502-809-5

www.at-verlag.ch
www.wildeisen.ch

Inhaltsverzeichnis

Vorwort

Am Anfang dieses Buches stand eine Diskussion rund um die schnelle Küche. Wie lange braucht man im Minimum, um etwas Gutes auf den Tisch zu bringen? 10 oder 20 Minuten? Oder doch gar eine halbe Stunde? Sicher, jeder hat zwei, drei, vier kleine Gerichte in seiner Rezeptsammlung, die im Handumdrehen zubereitet sind. Aber würde es möglich sein, ein ganzes Kochbuch mit solchen Rezepten zu füllen? Schliesslich war die Vorgabe klar: 20 Minuten sollten zur Verfügung stehen, um vom ersten Handgriff der Vorbereitung bis zur letzten Prise beim Abschmecken ein Gericht auf den Tisch zu bringen.

20-Minuten-Küche: Was zuerst ein Arbeitstitel war, wurde zur Herausforderung. Ich rannte buchstäblich mit der Stoppuhr gegen die Zeit an. Sollte ich ein Rezept in das Buch aufnehmen, das zwar in nur gerade knapp 10 Minuten vorbereitet ist, aber noch etwa 15 Minuten im Backofen fertig garen muss? Sollte ich auf tiefgekühlten Spinat oder gefrorene Kefen zurückgreifen, weil damit das Rüsten bzw. Blanchieren des frischen Gemüses entfällt, man also entscheidend Zeit gewinnt? Und wie viel Zeit ist fürs Rüsten, Schnetzeln, Schneiden, Raffeln und Reiben zu rechnen? Längst nicht alle, die kochen, sind gleich flink und geübt …

Irgendwann habe ich mich entschieden, das Ganze nicht allzu eng zu sehen: Auf 5 Minuten mehr oder weniger kommt es nun wirklich nicht an. Entscheidend ist, mit diesem Buch die Gewissheit zu vermitteln, dass alle darin enthaltenen Gerichte unkompliziert und schnell in der Zubereitung sind. Genauso wichtig scheint mir zudem, dass man das Kochen nicht als ein Duell mit der Zeit ansieht, sondern dass jeder und jede auf seine oder ihre Art und in ihrem eigenen Tempo an die Sache herangeht. Denn das Kochen soll letztlich genauso unverkrampft und entspannend sein wie das anschliessende Geniessen!

Und so bitte ich Sie um rund 20 Minuten Zeit. Zeit für eine der schönsten Nebenbeschäftigungen der Welt: das Kochen!

Ihre
Annemarie Wildeisen

So fängt das Essen gut an

Kleine Gerichte für Vorspeisen und unkomplizierte Mahlzeiten

Amerikanischer Eisbergsalat

Der knackige Eisbergsalat aus Amerika, auch Krachsalat genannt, hat mittlerweile unserem traditionellen Kopfsalat den Rang abgelaufen. Botanisch unterscheiden sich übrigens die beiden Salatsorten nicht voneinander, aber im Gegensatz zum Kopfsalat lässt sich Eisbergsalat gut vorbereiten, weil die festen Blätter in der Sauce nicht so schnell zusammenfallen. In Folie oder in einen Plastikbeutel verpackt lässt sich Eisbergsalat im Gemüsefach des Kühlschranks bis zu zwei Wochen lagern – ein idealer Salat also auch für kleine Haushalte.

1 mittlerer Eisbergsalat
2 Scheiben Toastbrot
25 g Butter
1 Knoblauchzehe

Sauce:
6 Esslöffel Joghurt nature oder Sauermilch
2 Esslöffel Mayonnaise
1 Esslöffel Ketchup
2 Esslöffel trockener Sherry oder Bouillon
½ Teelöffel Senf
Salz, Pfeffer aus der Mühle
60 g Parmesan am Stück

1 Den Eisbergsalat unter fliessendem kaltem Wasser kurz spülen. In Viertel schneiden, nochmals waschen, dann auf einem Küchentuch trockentupfen. In Streifen schneiden.
2 Die Toastbrotscheiben klein würfeln. In einer beschichteten Bratpfanne die Butter schmelzen und die Brotwürfelchen beifügen. Den Knoblauch dazupressen und alles bei kleiner Hitze goldgelb rösten.
3 Für die Sauce alle Zutaten verrühren. Den Salat untermischen, auf Tellern anrichten und mit den Brotwürfelchen bestreuen. Den Parmesan mit dem Gemüsehobel direkt über den Salat reiben.

Für den Kleinhaushalt 2 Personen: Zutatenmengen halbieren. 1 Person: Zutatenmengen vierteln, von der Sauce jedoch ½ Portion zubereiten.

Champignon-Käse-Salat

Für diesen köstlichen kleinen Salat sollte man möglichst frische, knackige Champignons mit noch geschlossenen Hüten verwenden. Ob weisse oder braune Pilze, spielt keine Rolle. Als Beilage passt besonders gut warmes Knoblauchbrot.

400 g sehr frische Champignons
150 g Parmesan am Stück
1½–2 Bund Petersilie
Saft von ¾–1 Limone oder Zitrone
Salz, schwarzer Pfeffer aus der Mühle
8 Esslöffel kaltgepresstes Olivenöl

1 Die Champignons nur mit einem Küchentuch abwischen, nicht waschen, sonst saugen sie sich mit Wasser voll. Die Stiele leicht zurückschneiden. Dann die Pilze in dünne Scheiben schneiden.
2 Den Parmesan mit einem Sparschäler in dünne Späne hobeln. Die Petersilie fein hacken.
3 Limonen- oder Zitronensaft mit Salz und Pfeffer verrühren. Dann das Olivenöl und die Petersilie untermischen. Die Sauce über die Champignons geben und mischen. 10 Minuten ziehen lassen.
4 Die Parmesanspäne beifügen und alles sorgfältig mischen. Den Salat sofort servieren.

Für den Kleinhaushalt 2 Personen: Zutatenmengen halbieren. 1 Person: Zutatenmengen vierteln.

Amerikanischer Eisbergsalat

Champignon-Käse-Salat

Friséesalat mit pochiertem Ei und Speck

Weil Ei und Speck heiss auf den Salat kommen, ist es von Vorteil, eine robuste Salatsorte zu verwenden, wie es der Friséesalat ist. Er fällt nicht so schnell zusammen wie zum Beispiel Kopfsalat oder Nüsslisalat (Feldsalat). Wer das Pochieren von Eiern scheut – es ist reine Übungssache –, kann die Eier in der Schale wachsweich kochen (ab Siedepunkt je nach Grösse 4–5 Minuten).

1 mittlerer Friséesalat
Salz
2 Esslöffel Weissweinessig
4 möglichst frische Eier
8 Scheiben Bratspeck

Sauce:
3 Esslöffel Weissweinessig
1 Esslöffel Balsamicoessig
½ Teelöffel scharfer Senf
1 Prise edelsüsser Paprika
Salz, Pfeffer
6 Esslöffel Olivenöl

1 Grobe Blätter des Friséesalats entfernen. Den Salat waschen und in mundgerechte Stücke zupfen. Auf einer Platte oder in tiefen Tellern anrichten.
2 Reichlich Salzwasser mit dem Essig aufkochen. Die Eier einzeln in eine Tasse oder Suppenkelle aufschlagen und in das siedende, aber nicht sprudelnd kochende Wasser gleiten lassen. Etwa 5 Minuten gar ziehen lassen. Mit einer Schaumkelle herausheben und zugedeckt warm halten.
3 Während die Eier garen, die Speckscheiben in einer Bratpfanne ohne Fettzugabe langsam knusprig braun braten.
4 Für die Sauce alle Zutaten verrühren. Über den angerichteten Salat träufeln. Die Eier darauf setzen und mit je zwei Speckscheiben garnieren. Sofort servieren.

Für den Kleinhaushalt 2 Personen: Zutatenmengen halbieren. Wichtig: Zum Pochieren der Eier braucht es auch bei kleinerer Anzahl reichlich kochendes Salzwasser! 1 Person: Zutatenmengen vierteln, von der Sauce jedoch ½ Portion zubereiten.

Rucolasalat mit gebratenen Austernpilzen

Wenn auch der Champignon immer noch der beliebteste Zuchtpilz ist, so macht ihm doch der Austernpilz ernsthafte Konkurrenz. Besonders wenn der Pilz ganz frisch ist, erinnert er im Geschmack ein wenig an zartes Kalbfleisch. Die Farbe variiert je nach Sorte von Weiss über Gelb bis Bläulich und Braun; sie sagt nichts über die Frische aus. Das Eiweiss des Austernpilzes ist übrigens besonders leicht verdaulich, besser als bei allen anderen essbaren Pilzsorten. Trotzdem Austernpilze nie roh essen!

150–200 g Rucolasalat
12 Cherrytomaten
Salz, schwarzer Pfeffer aus der Mühle
250 g Austernpilze
1 Knoblauchzehe
6 Esslöffel Olivenöl
2 Esslöffel Zitronensaft
2 Esslöffel Balsamicoessig
2 Esslöffel Wasser

1 Den Rucolasalat waschen und gut abtropfen lassen. Die Cherrytomaten vierteln, leicht salzen und pfeffern. Auf einer Platte oder in tiefen Tellern anrichten.
2 Die Austernpilze rüsten, die Pilzhüte je nach Grösse halbieren oder vierteln. Den Knoblauch schälen und in Scheibchen schneiden.
3 2 Esslöffel Olivenöl erhitzen. Die Austernpilze leicht braun braten. Dann die Knoblauchscheibchen beifügen und kurz mitbraten. Die Pilze mit Salz und grob gemahlenem Pfeffer würzen. Aus der Pfanne nehmen.
4 Den Bratensatz in der Pfanne mit dem Zitronensaft, dem Balsamicoessig und dem Wasser auflösen und aufkochen. In eine kleine Schüssel giessen. Das Öl kräftig darunter rühren. Die Sauce mit Salz und Pfeffer abschmecken.
5 Die noch lauwarmen Pilze auf dem Salat anrichten und alles mit Sauce beträufeln. Sofort servieren.

Für den Kleinhaushalt 2 Personen: Zutatenmengen halbieren. 1 Person: Zutatenmengen vierteln. Von der Sauce jedoch ½ Portion zubereiten – beim Ablöschen des Bratensafts kocht die Flüssigkeit schnell ein!

Friséesalat mit pochiertem
Ei und Speck

Rucolasalat mit
gebratenen Austernpilzen

Spargelsalat mit Rauchlachs

Ob man weisse oder grüne Spargeln für diesen delikaten Salat verwendet, hängt vom Saisonangebot und der persönlichen Vorliebe ab – es schmecken beide Varianten köstlich! Spargeln sollte man möglichst bald nach dem Kauf verwenden. Muss man sie trotzdem lagern, schält man sie und wickelt sie dann in ein feuchtes Tuch und/oder gibt sie in einen mit Löchern versehenen Spezialfolienbeutel. So verpackt bleiben Spargeln im Kühlschrank gut einen Tag frisch. Übrigens: Garen Sie die Spargeln nie in zu viel Wasser (etwa 1 cm hoch Wasser in der Pfanne oder dem Topf genügt)! Noch besser: Die Spargeln in einem Dämpfaufsatz oder im Backofen-Steamer zubereiten, das bringt ihr Eigenaroma besonders gut zur Geltung.

16 weisse oder grüne Spargeln
Salz
8 nicht zu grosse Scheiben Rauchlachs
Sauce:
2 Frühlingszwiebeln
1 Bund Kerbel oder Dill
4 Esslöffel Weisswein- oder Sherryessig
2 Esslöffel Spargelkochwasser
Salz, Pfeffer
7–8 Esslöffel Olivenöl

1 Das untere Ende der Spargeln (etwa ein Drittel) grosszügig wegschneiden. Weisse Spargeln vom Kopf zum unteren Spargelende hin schälen. Grüne Spargeln brauchen nur am unteren Ende geschält zu werden. Die Spargelspitzen etwa 5 cm lang abschneiden. Die übrig gebliebenen Spargelstangen schräg in Scheiben schneiden. Spargelspitzen und Scheibchen in wenig Salzwasser oder über Dampf nur gerade knackig garen (je nach Sorte 5–10 Minuten).
2 Inzwischen die Lachsstranchen der Länge nach halbieren.
3 Für die Sauce das Weisse der Frühlingszwiebeln fein hacken, schönes Grün in feine Ringe schneiden. Kerbel oder Dill grob hacken.
4 Essig, Spargelkochwasser, Salz, Pfeffer und Öl zu einer Sauce rühren. Frühlingszwiebeln und Kerbel oder Dill untermischen.
5 Die noch warmen Spargelscheiben zur Sauce geben und 5 Minuten ziehen lassen.
6 Die Spargelspitzen mit je einem Stück Lachs umwickeln. Auf dem Spargelsalat anrichten.

Für den Kleinhaushalt 2 Personen: Zutatenmengen halbieren. 1 Person: Zutatenmengen vierteln, jedoch die Sauce mit 1/3 der rezeptierten Zutaten zubereiten.

Spargelsalat mit Rauchlachs

Entenbruströllchen mit Sellerie-Apfel-Salat

Fenchel-Carpaccio

Fenchel-Carpaccio

Der milde, süssliche, leicht nach Anis schmeckende Fenchel gehört zu den Gemüsen, die roh mindestens so gut schmecken wie gekocht. Für dieses Rezept wird er mit dem Gemüsehobel hauchdünn aufgeschnitten und mit einer erfrischenden Sauermilchsauce wie ein Fleischcarpaccio angerichtet. Anstelle von rotem Chicorée (Radicchio) passt auch Nüsslisalat (Feldsalat) als Garnitur. Übrigens: Das zarte Fenchelkraut eignet sich hervorragend zum Würzen; fehlt es, kann es durch frischen Dill ersetzt werden, der sehr ähnlich aussieht und schmeckt.

4 mittelgrosse Fenchelknollen
1 Becher (ca. 150 g) nordische Sauermilch oder saurer Halbrahm
Saft von 1/2 Zitrone
4 Esslöffel Olivenöl
Salz, Pfeffer aus der Mühle
1 mittelgrosser Radicchio (roter Chicorée)
1 Esslöffel Weisswein- oder Balsamicoessig

1 Die Fenchelknollen rüsten. Dabei schönes Grün zurückbehalten, fein hacken und in die Sauermilchsauce geben. Die Fenchelknollen mit einem Gemüsehobel oder einem grossen scharfen Messer in sehr dünne Scheiben schneiden. Kranzförmig auf Tellern anordnen.
2 Die Sauermilch oder den sauren Halbrahm mit der Hälfte des Olivenöls, Zitronensaft, Salz und Pfeffer zu einer Sauce rühren. Über das Fenchelcarpaccio träufeln.
3 Die Radicchioblätter auslösen und waschen. In allerfeinste Streifchen schneiden. Aus dem restlichen Olivenöl, Salz, Pfeffer und Essig eine Sauce rühren. Mit dem Radicchio mischen und dekorativ auf dem Fenchelcarpaccio anrichten. Sofort servieren.
Gut passen dazu warme Oliven-Crostini oder Knoblauchbrot.

Für den Kleinhaushalt 2 Personen: Zutatenmengen halbieren. 1 Person: Zutatenmengen vierteln, aber 1/3 der Saucenmenge zubereiten.

Entenbruströllchen mit Sellerie-Apfel-Salat

Der leichte, erfrischende Salat aus fein geraffeltem Sellerie und Apfel an einer Meerrettich-Rahm-Sauce passt nicht nur zu geräucherter Entenbrust, sondern auch zu Schinken oder Rauchlachs, und er schmeckt natürlich auch solo, zum Beispiel als Beilage zu kleinen Cipollata-Würstchen.

2 Esslöffel Zitronensaft
1 grosse Sellerieknolle
1 säuerlicher Apfel
50 ml Rahm
1 Esslöffel geriebener Meerrettich aus der Tube oder aus dem Glas
Salz, Pfeffer
32 dünn geschnittene Scheiben geräucherte Entenbrust (ca. 200 g)

1 Den Zitronensaft in ein Schüsselchen geben. Die Sellerieknolle schälen und an einer Gemüseraffel direkt in den Zitronensaft reiben. Sofort mischen, damit sich der Sellerie nicht braun verfärbt.
2 Den Apfel schälen, vierteln, das Kerngehäuse entfernen und die Frucht direkt zum Sellerie reiben. Gut mischen.
3 Den Rahm steif schlagen. Mit dem Meerrettich zum Selleriesalat geben. Den Salat mit Salz und Pfeffer abschmecken.
4 Je zwei Entenbrustscheiben überlappend nebeneinander legen, etwas Sellerie-Apfel-Salat darauf geben und aufrollen.

Für den Kleinhaushalt 2 Personen: Zutatenmengen halbieren. 1 Person: Vom Salat eine 2-Personen-Menge zubereiten; hält sich im Kühlschrank 1 Tag frisch. Restliche Zutatenmengen vierteln.

Thon-Pâté

Wer keinen Cutter oder Stabmixer besitzt, sollte sich die Mühe machen, den Thon durch ein Sieb zu streichen, damit man eine möglichst glatte Masse erhält, die sich gut mit der Butter vermischen lässt. Anstelle von Petersilie kann man auch frisches Basilikum verwenden.

150 g Thon (Thunfisch) aus delfinfreundlichem Fang, abgetropft gewogen
100 g weiche Butter
½ Bund Petersilie
Salz, Pfeffer
1–2 Teelöffel Zitronensaft

1 Den Thon (Thunfisch) auf Küchenpapier gut abtropfen lassen. Dann im Cutter oder mit dem Stabmixer fein pürieren oder durch ein Sieb streichen.
2 Die Butter gut durchrühren, bis sich kleine Spitzchen bilden. Die Petersilie sehr fein hacken und zusammen mit dem Thon beifügen. Alles gut mischen und das Pâté mit Salz, Pfeffer und Zitronensaft würzen.
Das Thon-Pâté mit Toast oder Pariserbrot servieren.

Für den Kleinhaushalt 2 Personen: Zutatenmengen halbieren. 1 Person: In der 2-Personen-Menge zubereiten; das Pâté hält sich im Kühlschrank gut zugedeckt etwa 5 Tage frisch.

Eier an Joghurt-Kräuter-Sauce

Keine schwere Mayonnaise, sondern eine erfrischend leichte Joghurtsauce begleitet diesen Eiersalat, der noch schneller zubereitet ist, wenn man bereits vorgekochte Eier verwendet. Als Beilage passt warmes Knoblauch- oder ein schmackhaftes Vollkornbrot.

8 Eier
1 Becher Joghurt nature (180 g)
1 Becher saurer Halbrahm (180 g)
1 Knoblauchzehe
1 Bund Petersilie
Salz, Pfeffer aus der Mühle
40 g Butter
½ Teelöffel edelsüsser Paprika

1 Die Eier mit kaltem Wasser bedeckt aufkochen und ab Siedepunkt 7–8 Minuten hart kochen.
2 Inzwischen Joghurt und sauren Halbrahm verrühren. Die Knoblauchzehe schälen und dazupressen. Die Petersilie fein hacken und beifügen. Die Sauce mit Salz und Pfeffer abschmecken. Auf eine flache Platte geben.
3 Die gekochten Eier sofort unter kaltem Wasser abschrecken. Schälen und mit dem Eierschneider in Scheiben schneiden. Auf der Kräutersauce anrichten.
4 In einem Pfännchen die Butter schmelzen, mit dem Paprikapulver sowie etwas Salz verrühren. Über die Eier träufeln. Sofort servieren.

Für den Kleinhaushalt 2 Personen: Zutatenmengen halbieren. 1 Person: Zutatenmengen vierteln.

Thon-Pâté

Eier an Joghurt-Kräuter-Sauce

Eier-Tomaten an Basilikumsauce

Käse-Eier

Eier-Tomaten an Basilikumsauce

Besonders gut schmecken diese Tomaten, wenn die Eier frisch zubereitet und noch lauwarm sind. Anstatt sie wachsweich zu kochen, kann man sie auch pochieren (siehe Rezept «Friséesalat», Seite 10).

4 Eier
2 Knoblauchzehen
50 ml Bouillon
4 grosse Tomaten
Salz
2 Bund Basilikum
1 Bund Petersilie
150 g Rahmquark
4 Esslöffel Mayonnaise
Salz, Pfeffer
einige Tropfen Zitronensaft

1 Die Eier mit kaltem Wasser bedeckt aufkochen und ab Siedepunkt 5 Minuten wachsweich kochen. Sofort kurz kalt abschrecken.
2 Während die Eier kochen, die Knoblauchzehen schälen, halbieren und in der Bouillon 5 Minuten zugedeckt kochen lassen.
3 Von den Tomaten einen Deckel wegschneiden. Mit einem scharfkantigen Löffel das Innere so aushöhlen, dass ein Ei darin Platz findet. Die Tomaten mit etwas Salz ausstreuen und mit der Öffnung nach unten auf einem Kuchengitter abtropfen lassen.
4 Für die Sauce die Knoblauchzehen mitsamt der Bouillon pürieren. Basilikum- und Petersilienblätter, Quark und Mayonnaise beifügen und alles gut mixen. Die Sauce mit Salz, Pfeffer und Zitronensaft abschmecken.
5 Die Eier schälen und in jede Tomate ein Ei setzen. Mit etwas Basilikumsauce übergiessen. Restliche Sauce separat dazu servieren. Nach Belieben die Tomaten mit etwas Kresse und/oder schwarzen Oliven garnieren.

Für den Kleinhaushalt 2 Personen: Zutatenmengen halbieren. 1 Person: Zutatenmengen vierteln.

Käse-Eier

Spiegeleier einmal etwas anders: gebraten mit Käsewürfelchen und Rahm. Ein einfaches kleines Essen, zu dem als Beilage Spinat und nach Belieben Salz- oder Bratkartoffeln passen.

200 g Tilsiter oder Raclettekäse
2 Esslöffel Bratbutter
8 Eier
100 ml Rahm
Salz, schwarzer Pfeffer aus der Mühle
etwas edelsüsser Paprika
2 Bund Schnittlauch

1 Den Käse entrinden und klein würfeln.
2 In der rezeptierten Menge für 4 Personen für ein optimales Resultat die Eier in zwei Portionen zubereiten (allenfalls nacheinander in derselben Pfanne): In zwei beschichteten Bratpfannen jeweils die Hälfte der Bratbutter schmelzen. Jeweils die Hälfte der Käsewürfelchen darin verteilen und je 4 Eier darauf gleiten lassen. Jeweils die Hälfte des Rahms mit etwas Salz und Pfeffer verrühren und über das Eiweiss träufeln. Die Eier bei kleinster Hitze etwa 8 Minuten braten. Am Schluss das Eigelb mit Paprika bestreuen. Den Schnittlauch mit einer Schere darüber schneiden.

Für den Kleinhaushalt 2 Personen: Zutatenmengen halbieren; in diesem Fall können alle Eier auf einmal zubereitet werden. 1 Person: Zutatenmengen vierteln.

Zucchettischiffchen mit Mozzarella und Cherrytomaten

Dieses attraktive Gemüsegericht lässt sich auch mit Auberginen oder Tomaten zubereiten. Auberginen haben eine etwas längere Bratzeit als Zucchetti; Tomaten werden in dicke Scheiben geschnitten, auf ein mit Backpapier belegtes Blech gegeben, mit Olivenöl beträufelt und im Ofen 10–12 Minuten gebacken. Gefüllt werden beide Gemüse auf dieselbe Art wie die Zucchetti. Die Gemüseschiffchen können gut vorbereitet werden, sollten aber nie direkt aus dem Kühlschrank serviert werden.

4 mittlere Zucchetti
Salz
2 Schalotten
2 Knoblauchzehen
Olivenöl zum Braten
4 Zweige Basilikum
3 Esslöffel Weissweinessig
schwarzer Pfeffer aus der Mühle
6 Esslöffel Olivenöl
2 Mozzarella (insgesamt ca. 250 g)
ca. 30 Cherrytomaten

1 Den Stielansatz der Zucchetti entfernen. Die Früchte ungeschält der Länge nach in Scheiben schneiden. Die Schnittflächen leicht salzen.
2 Die Schalotten und den Knoblauch schälen und fein hacken. In einer beschichteten Bratpfanne in etwas Olivenöl unter Wenden glasig dünsten. In eine Schüssel geben.
3 Die Zucchettischeiben mit Küchenpapier trockentupfen. In der Bratpfanne portionenweise in Olivenöl auf jeder Seite etwa 2 Minuten braten. Auf Küchenpapier abtropfen lassen.
4 Das Basilikum fein hacken. Zu den Schalotten geben. Essig, Salz, Pfeffer und Olivenöl beifügen und alles zu einer Sauce rühren.
5 Die Mozzarella dritteln, dann in feine Scheiben schneiden. Die Cherrytomaten ebenfalls in Scheiben schneiden. Auf jede Scheibe Zucchetti etwas Sauce träufeln, mit Mozzarella und Tomaten belegen, mit einer zweiten Zucchettischeibe bedecken und nochmals mit Sauce beträufeln.

Für den Kleinhaushalt 2 Personen: Zutatenmengen halbieren. 1 Person: Zutatenmengen vierteln.

Überbackene Avocados mit Crevetten

Avocados kann man bis vor den Siedepunkt erhitzen, Kochen oder längeres Warmhalten ist hingegen ebenso wie Tiefkühlen nicht empfehlenswert, da sie dadurch bitter werden. Für das rezeptierte Gericht werden halbierte Avocados mit einer Frischkäsecreme sowie gekochten Crevetten gefüllt und nur kurz bei starker Oberhitze überbacken. Verwenden Sie gut reife Früchte; man erkennt die Reife daran, dass sich das Fruchtfleisch auf Fingerdruck weich anfühlt. Bei manchen Sorten ändert sich auch die Farbe der Schale von Grün zu Schwarz.

2 reife Avocados
1 Esslöffel Zitronensaft
2–3 Zweige Dill
100 g Frischkäse mit Meerrettich
1 Teelöffel scharfer Senf
2–3 Esslöffel Rahm
1 Eigelb
Salz, Pfeffer
150 g ausgelöste, gekochte Crevetten

1 Die Avocados der Länge nach rundherum bis zum Kern einschneiden, die Hälften leicht gegeneinander drehen und lösen. Den Kern auslösen. Die Avocadohälften mit Zitronensaft bestreichen, damit sie sich nicht verfärben.
2 Den Dill fein hacken. Mit dem Frischkäse, dem Senf, dem Rahm und dem Eigelb gut mischen. Die Masse mit Salz und Pfeffer würzen. Zwei Drittel der Crevetten sorgfältig darunter mischen. In die Avocadohälften füllen und mit den restlichen Crevetten belegen.
3 Die Avocados in der Mitte des auf 230 Grad Oberhitze vorgeheizten Ofens so lange überbacken, bis sich kleine braune Flecken bilden (5–7 Minuten). Sofort servieren.

Für den Kleinhaushalt 2 Personen: Zutatenmengen halbieren, jedoch 1 Eigelb verwenden. 1 Person: In der 2-Personen-Menge zubereiten. Für Hungrige ist dies eine sättigende Mahlzeit – andernfalls am besten jemanden dazu einladen!

Überbackene Käsebrötchen

Die Füllung für diese gefüllten Brötchen kann ganz nach Lust und Laune immer wieder neu variiert werden. Für eine fleischlose Variante ersetzt man den Rohschinken zum Beispiel durch fein geraffelte Zucchetti. Als Beilage passt Blatt-, Gurken- oder Karottensalat. Übrigens: Das herausgeschnittene Brot, das nicht verwendet wird, lässt man trocknen und zerbröselt es anschliessend mit dem Teigroller zu Paniermehl.

4 Portionen-Parisettebrote oder 8 Brötchen
200 g Greyerzer
150 g dünn geschnittener Rohschinken
2 Schalotten
½ Bund Petersilie
½ Bund Oregano
1 Ei
2–3 Esslöffel Rahm
Salz, schwarzer Pfeffer aus der Mühle
16 Cherrytomaten

1 Bei den Parisettebroten mit einem scharfen Messer oben der Länge nach einen tiefen Keil herausschneiden. Verwendet man Brötchen, schneidet man einen Deckel ab und löst einen Teil der Brotkrume heraus.
2 Den Greyerzer fein reiben. Den Rohschinken in Streifen, dann in kleine Vierecke schneiden. Die Schalotten schälen und fein hacken, ebenso Petersilie und Oregano. In einer Schüssel Ei und Rahm verquirlen, dann Greyerzer, Rohschinken, Schalotte und Kräuter beifügen. Die Masse mit Salz und Pfeffer würzen und gut mischen. In die vorbereiteten Brötchen füllen.
3 Die Brötchen in der Mitte des auf 220 Grad vorgeheizten Ofens 10–12 Minuten backen.
4 Inzwischen die Cherrytomaten in Scheiben schneiden. Die heissen Brötchen damit belegen und sofort servieren.

Für den Kleinhaushalt 2 Personen: Zutatenmengen halbieren; anstatt eines ganzen Eis nur das Eigelb verwenden. 1 Person: Zutatenmengen vierteln, jedoch 1 Eigelb und 1 Esslöffel Rahm verwenden.

Filoteigtäschchen mit Feta und Zucchetti

Filoteig stammt aus der orientalischen Küche und ist mit dem österreichischen Strudelteig verwandt, durch den er auch ersetzt werden kann. Weil die Zubereitung viel Zeit und Geduld erfordert, empfiehlt es sich, fertig gekauften Filoteig zu verwenden. Man bekommt ihn in griechischen oder türkischen Läden (als Yufka-Teigblätter), vereinzelt auch in grossen Lebensmittelgeschäften in Folie verpackt oder tiefgekühlt. Wichtig bei der Verarbeitung von Filoteig ist, dass die Teigblätter, die gerade nicht gebraucht werden, mit einem feuchten Tuch bedeckt vor dem Austrocknen geschützt werden; sonst werden sie in kürzester Zeit brüchig und unbrauchbar. Übrigens: Die Teigtäschchen können gut vorbereitet und erst kurz vor dem Essen gebacken werden. Sie sind für 4 Personen eine Beilage zum Apéro oder eine Vorspeise.

1 kleine Zucchetti
nach Belieben 1 Teelöffel Kreuzkümmel
150 g Feta
abgeriebene Schale von 1 Zitrone
50 g Butter
3 Blätter Filoteig

1 Den Stielansatz der Zucchetti entfernen, dann die Frucht ungeschält der Länge nach in dünne Scheiben, diese in feine Streifen und schliesslich in kleinste Würfelchen schneiden. Man kann die Zucchetti auch an der Gemüseraffel reiben.

2 Bei Verwendung von Kreuzkümmel diesen in einer trockenen Pfanne ohne Fettzugabe rösten, bis er gut duftet. In eine Schüssel geben. Den Feta dazukrümmeln, die Zucchettiwürfelchen und die Zitronenschale beifügen. Alles gut mischen.

3 Die Butter schmelzen.

4 Das erste Blatt Filoteig auf der Arbeitsfläche auslegen und mit flüssiger Butter bestreichen. Das zweite Teigblatt darauf legen und wieder mit Butter bestreichen, ebenso das dritte Teigblatt. Nun die Teigfläche in 20 Quadrate von etwa 11×11 cm schneiden.

5 In die Mitte jedes Teigstücks etwas Füllung geben. Die vier Ecken hochheben, in der Mitte zusammenfassen und die offenen Teigränder gut zusammendrücken, damit die Füllung nicht auslaufen kann. Die Teigtäschchen nochmals mit Butter bestreichen. Werden sie nicht sofort gebacken, kühl stellen.

6 Die Teigtäschchen im auf 200 Grad vorgeheizten Ofen auf der zweituntersten Rille 10–12 Minuten goldgelb backen.

Für den Kleinhaushalt 2 Personen: In der rezeptierten Menge sind die Teigtäschchen zusammen mit einem Blattsalat oder einem griechischen Salat eine vollständige Mahlzeit. 1 Person: In der halben Menge zubereitet sind sie ein feines Single-Essen. Bei der Zubereitung drei halbierte Teigblätter mit Butter bestreichen und aufeinander legen; dann nach Rezept weiterfahren.

Gemüse-Crostini

Schinken-Käse-Gipfel

Gemüse-Crostini

Diese kleinen Toastbrotecken können zu einem Glas Wein aus der Hand gegessen werden, sind aber auch ein unkompliziertes Essen, zu dem man eine grosse Schüssel Salat serviert.

2 mittlere Karotten
1 mittlere Zucchetti
80 g Greyerzer
2 Esslöffel Doppelrahm
1 Knoblauchzehe
Salz, Pfeffer, Paprika
8 Toastbrotscheiben
25 g Butter

1 Die Karotten schälen. Den Stielansatz der Zucchetti entfernen. Beide Gemüse fein reiben.
2 Den Greyerzer ebenfalls fein reiben. Mit dem Gemüse und dem Doppelrahm mischen. Die Knoblauchzehe schälen und dazupressen. Die Masse mit Salz, Pfeffer und Paprika würzen.
3 Die Brotscheiben auf der einen Seite dünn mit Butter bestreichen. Darauf die Gemüsemasse geben und die Brotscheiben diagonal halbieren, so dass Dreiecke entstehen. Auf ein mit Backpapier belegtes Blech geben.
4 Die Crostini im auf 220 Grad vorgeheizten Ofen auf der zweituntersten Rille etwa 10 Minuten backen. Heiss servieren.

Für den Kleinhaushalt 2 Personen: Zutatenmengen halbieren, 1 kleine Zucchetti verwenden. 1 Person: Zutatenmengen vierteln, 1 kleine Karotte und ein entsprechend grosses Stück Zucchetti verwenden.

Schinken-Käse-Gipfel

Ob mit Rohschinken oder mit gekochtem Schinken – dieses kleine Blätterteiggebäck ist im Nu zubereitet und gebacken. Wird es als Mahlzeit serviert, passen verschiedene Gemüse- und Blattsalate als Beilage.

1 Rolle rechteckig ausgewallter Blätterteig
6 Scheiben Rohschinken oder gekochter Schinken
150 g geriebener Käse (z. B. Sbrinz, Parmesan, Greyerzer, Alpkäse, auch gemischt)
2 Esslöffel Rahm
frisch gemahlener Pfeffer aus der Mühle
1 Eigelb

1 Den Blätterteig in 12 langschenklige Dreiecke (wie Kuchenstücke!) schneiden. Mit je ½ Scheibe Schinken belegen.
2 Den Käse mit dem Rahm und etwas frisch gemahlenem Pfeffer mischen. Auf der breiteren Hälfte der Schinken-Teig-Stücke verteilen. Den belegten Teig vom breiteren Ende zur Spitze hin aufrollen. Auf ein mit Backpapier belegtes Blech geben. Das Eigelb verquirlen und die Gipfel damit bestreichen.
3 Die Schinken-Käse-Gipfel im auf 220 Grad vorgeheizten Ofen auf der zweituntersten Rille 12–15 Minuten backen.

Für den Kleinhaushalt 2 Personen: Zutatenmengen halbieren. 1 Person: Lohnt sich nicht, ausser man hat gerade einen Blätterteigrest zu verwerten. In der halben Menge zubereiten und übrig gebliebene Gipfel einfrieren.

Tortilla-Pizza

Ein ausgezeichnetes Rezept, um Reste aus dem Kühlschrank aufzubrauchen. Weizentortillas – es gibt sie in praktischen Vorratspackungen zu kaufen! – werden mit dem belegt, was man gerade zur Verfügung hat. Nach Belieben gibt man zu den fertigen Pizze einen Klacks Crème fraîche oder serviert eine mit Koriander gewürzte Joghurtsauce dazu. Hier meine Variante mit den Zutaten, die nach einem Tag im Fotostudio übrig geblieben waren.

2 rote Zwiebeln
250 g Cherrytomaten
Salz
2 gelbe Peperoni (Paprika)
2 Peperoncini (italienische Pfefferschoten)
1 Bund frischer Koriander
8–12 Weizentortillas, je nach Grösse
400 g gehackte Dosentomaten (Pelati)
oder 1 Glas fertige Tomatensauce
etwas Olivenöl zum Beträufeln
100 g geriebener Käse (z.B. Sbrinz, Parmesan, Greyerzer, Feta)
schwarzer Pfeffer aus der Mühle

1 Die Zwiebeln schälen, halbieren und in grobe Streifen schneiden. Die Cherrytomaten vierteln und leicht salzen. Die Peperoni halbieren, entkernen und in Stücke schneiden. Die Korianderblättchen von den Zweigen zupfen.

2 Die Tortillas auf ein leicht gefettetes Backblech legen. Etwas gehackte Dosentomaten oder Tomatensauce darauf ausstreichen. Dann die vorbereiteten Zutaten darüber verteilen. Mit Olivenöl beträufeln und mit frisch gemahlenem Pfeffer und Käse bestreuen.

3 Die Tortillas in der Mitte des auf 200 Grad vorgeheizten Ofens 10–12 Minuten backen. Heiss oder lauwarm servieren.

Weitere geeignete Zutaten zum Belegen:
Gekochte Gemüsereste wie Ratatouille, Spinat, Karotten oder Zucchetti, in Scheiben geschnittene Champignons, gewürfelte Avocados, entsteinte Oliven, eingelegte Dörrtomaten, weisse, rote oder schwarze Bohnen aus der Dose, Artischockenböden und kleine Maiskolben aus dem Glas, Hüttenkäse, Kräuterfrischkäse oder Ricotta, Eier.

Für den Kleinhaushalt 2 Personen: Zutatenmengen halbieren. 1 Person: Zutatenmengen vierteln.

Tortilla-Pizza

Gefüllte Champignons

Grössere Champignonhüte eignen sich nach dem Herausdrehen der Stiele ausgezeichnet zum Füllen, in diesem Rezept mit Cherrytomaten und einer hausgemachten Frischkäse-Kräuter-Butter. Man serviert die Champignons solo als Vorspeise oder mit einem Bouillon- oder Trockenreis als kleines Essen.

20 grosse weisse oder braune Champignons
Salz
10 nicht zu kleine Cherrytomaten
2–3 Zweige Basilikum
80 g weiche Butter
80 g Kräuter- oder Pfefferfrischkäse (Boursin)
etwas edelsüsser Paprika
1 mittlere Zwiebel
4–5 Esslöffel geriebener Parmesan

1 Die Stiele der Champignons sorgfältig herausdrehen; sie werden nicht verwendet. Die Hüte mit der Öffnung nach oben in eine gut gefettete Gratinform setzen. Leicht salzen.
2 Die Cherrytomaten halbieren. Je eine Hälfte in die Pilzhüte setzen.
3 Das Basilikum fein hacken. Die Butter so lange rühren, bis sich kleine Spitzchen bilden. Basilikum und Frischkäse untermischen und die Masse mit Salz und Paprika abschmecken. Auf den Cherrytomaten verteilen.
4 Die Zwiebel schälen und sehr fein hacken. Über die Frischkäsemasse verteilen und alles mit Käse bestreuen.
5 Die Champignons im auf 180 Grad vorgeheizten Ofen auf der zweituntersten Rille 12–15 Minuten überbacken.

Für den Kleinhaushalt 2 Personen: Zutatenmengen halbieren. 1 Person: Zutatenmengen vierteln.

Champignoncremesuppe

Champignons lassen sich ohne Beeinträchtigung der Qualität 2–3 Tage im Gemüsefach des Kühlschranks aufbewahren. Probieren Sie einmal diese schnelle und dennoch raffinierte Suppe! Es lohnt sich, sie in grösserer Menge zuzubereiten, denn sie kann gut tiefgekühlt werden. In diesem Fall jedoch die Champignons für die Suppeneinlage in der Suppe mitkochen und pürieren. Anstelle von Zitronenmelisse kann man auch Thymian, Basilikum oder Estragon verwenden.

½ l Gemüse- oder Hühnerbouillon
4 Blätter Zitronenmelisse
400 g Champignons
1 Esslöffel Zitronensaft
1 Schalotte oder kleine Zwiebel
2 Esslöffel Butter
150 ml Doppelrahm
Salz, Pfeffer
4 Blätter Zitronenmelisse

1 Die Bouillon mit der Zitronenmelisse aufkochen.
2 Inzwischen die Champignons kurz waschen, rüsten und in Scheiben schneiden. Mit dem Zitronensaft mischen.
3 Die Schalotte oder Zwiebel schälen und fein hacken.
4 Die Butter schmelzen. Schalotte oder Zwiebel darin andünsten. Die Champignons beifügen und 3–4 Minuten mitdünsten. Knapp ein Viertel der Pilze herausnehmen und als Suppeneinlage beiseite stellen.
5 Die Zitronenmelissenblätter aus der Bouillon entfernen. Die Bouillon zu den Champignons geben und alles aufkochen. Die Suppe mit dem Stabmixer oder im Mixer pürieren. Den Doppelrahm unterrühren und alles nochmals aufkochen. Mit Salz und Pfeffer abschmecken.
6 Unmittelbar vor dem Servieren die frischen Zitronenmelissenblätter sehr fein hacken. Mit den beiseite gestellten Pilzen unter die heisse Suppe ziehen. Die Suppe in vorgewärmte Tassen oder Teller anrichten.

Für den Kleinhaushalt 2 Personen: Zutatenmengen halbieren. 1 Person: Zutatenmengen vierteln, aber 150 ml Bouillon und 2–3 Esslöffel Doppelrahm verwenden.

Gefüllte Champignons

Champignoncremesuppe

Peperonisuppe

Spinat-Kartoffel-Minestrone

Peperonisuppe

Für eine Suppe wählt man am besten orange oder rote Peperoni (Paprika), denn sie besitzen ein besonders intensives Aroma. Die grünen sind unreife, die gelben Schoten halbreife Früchte und bringen nur wenig Geschmack. Wählen Sie beim Einkauf feste, glänzende Exemplare mit grünem Stiel. Diese lassen sich in einem Folienbeutel im Gemüsefach des Kühlschranks fast eine Woche aufbewahren. Sehr fleischige Schoten kann man übrigens vor der Verwendung mit dem Sparschäler schälen; dadurch wird die zähe, pergamentartige Haut entfernt, und die Früchte sind leichter verdaulich.

3 rote Peperoni (Paprika)
1 grosse Kartoffel
1 kleine Zwiebel
1 Esslöffel Butter
800 ml Hühner- oder Gemüsebouillon
6 Basilikumblätter
Salz, Pfeffer
100 ml Rahm

1 Die Peperoni halbieren, entkernen und klein würfeln. Die Kartoffel schälen und klein würfeln. Die Zwiebel schälen und hacken.
2 Die Butter schmelzen. Peperoni und Zwiebel darin kurz andünsten. Die Kartoffel, die Bouillon sowie die Basilikumblätter beifügen. Alles zugedeckt etwa 15 Minuten kochen lassen, bis die Kartoffel weich ist.
3 Inzwischen den Rahm steif schlagen.
4 Die Suppe mit dem Stabmixer fein pürieren. Nach Belieben durch ein Sieb passieren, um zähe Hautfetzchen zu entfernen. Die Peperonisuppe nochmals aufkochen, mit Salz und Peffer abschmecken.
5 Unmittelbar vor dem Servieren den Rahm unter die Suppe ziehen, so dass eine schöne Marmorierung entsteht. In tiefe Teller oder Suppentassen anrichten.

Für den Kleinhaushalt 2 Personen: 2 kleinere Peperoni und 1 kleine Kartoffel verwenden. Restliche Zutatenmengen halbieren. Die Suppe nach dem Mixen wenn nötig mit etwas Wasser verdünnen. 1 Person: Die Suppe in der 2-Portionen-Menge zubereiten; sie hält sich im Kühlschrank 2–3 Tage.

Spinat-Kartoffel-Minestrone

Diese rustikale Suppe ist eigentlich eher ein würziger Eintopf und ergibt zusammen mit Bauernbrot serviert eine vollständige Mahlzeit. Wichtig bei der Zubereitung ist, dass man die Suppe häufig umrührt, damit Milch, Kartoffeln und Reis nicht anbrennen.

250 g frischer Spinat
4 kleinere Kartoffeln
1 kleine Zwiebel
20 g Butter
3/4 l Milch
1/4 l Gemüsebouillon
50 g Risottoreis
150 g Fontina oder Raclettekäse
Salz, Pfeffer
1 Prise frisch geriebene Muskatnuss

1 Den Spinat waschen und grobe Stiele entfernen. Die Spinatblätter in dünne Streifen schneiden. Die Kartoffeln schälen und klein würfeln. Die Zwiebel schälen und hacken.
2 Die Butter schmelzen. Die Zwiebel darin andünsten. Spinat, Kartoffeln, Milch, Bouillon und Reis beifügen. Unter häufigem Umrühren etwa 15 Minuten kochen lassen, bis der Reis und die Kartoffeln weich sind.
3 Inzwischen den Käse entrinden und grob reiben.
4 Vor dem Servieren den Käse zur Suppe geben und nur noch schmelzen lassen. Mit Salz, Pfeffer und Muskat abschmecken. Die Minestrone in Suppentassen oder Teller anrichten und nach Belieben mit frisch geriebenem oder in Späne gehobeltem Parmesan oder Sbrinz garnieren.

Für den Kleinhaushalt 2 Personen: Zutatenmengen halbieren. 1 Person: Zutatenmengen vierteln, aber 1/4 l Milch und 1/8 l Bouillon verwenden, da Flüssigkeit in kleiner Menge schneller einkocht.

Basilikumsuppe

Eine richtige Sommersuppe, die man aber auch mit gemischten Kräutern oder – ausserhalb der Saison – mit Kresse oder Rucola zubereiten kann.

4 Bund Basilikum
2 Esslöffel Butter
4 gestrichene Esslöffel Mehl
600 ml Hühner- oder Gemüsebouillon
6 Esslöffel Noilly Prat (trockener Wermut) oder fruchtiger Weisswein
100 ml Rahm
100 ml Crème fraîche
Salz, schwarzer Pfeffer aus der Mühle
einige Tropfen Zitronensaft

1 Etwa 1/4 l Salzwasser aufkochen. Die Basilikumblätter von den Stielen zupfen. Ins siedende Wasser geben und nur gerade 15 Sekunden blanchieren. Abschütten und sofort mit sehr kaltem Wasser überbrausen. Möglichst fein hacken.
2 Die Butter schmelzen. Das Mehl beifügen und unter Rühren kurz dünsten. Mit der Bouillon und dem Noilly Prat oder Weisswein ablöschen. Aufkochen und bei kleiner Hitze 5 Minuten kochen lassen.
3 Rahm und Crème fraîche verrühren. Zur Suppe geben und diese 1–2 Minuten weiterkochen lassen.
4 Unmittelbar vor dem Servieren das Basilikum beifügen. Die Suppe nach Belieben mit dem Stabmixer durchmixen, mit Salz, Pfeffer und Zitronensaft abschmecken.

Für den Kleinhaushalt 2 Personen: Zutatenmengen halbieren. 1 Person: Zutatenmengen vierteln.

Basilikumsuppe

Tomatencremesuppe

Tomatencremesuppe

Dank der jahraus, jahrein gleich bleibenden Qualität von Dosentomaten gibt es nichts Einfacheres, als eine feine Tomatensuppe zuzubereiten. Im Sommer kann sie eisgekühlt serviert werden, im Winter wärmt sie Leib und Seele.

1 mittlere Zwiebel
1 Knoblauchzehe
nach Belieben 1/2 Peperoncino (italienische Pfefferschote)
3–4 Esslöffel Olivenöl
400 g Dosentomaten (Pelati)
6 Esslöffel Noilly Prat (trockener Wermut) oder trockener Sherry
2 gehäufte Esslöffel Tomatenpüree
1/2 l Gemüsebouillon
2 Zweige Oregano
1 Prise Zucker
Salz, schwarzer Pfeffer aus der Mühle
1/8 l Rahm
40 g Greyerzer oder Tilsiter

1 Die Zwiebel und die Knoblauchzehe schälen und fein hacken. Wird Peperoncino verwendet, diesen entkernen und in feine Streifchen schneiden. Alle diese Zutaten im Olivenöl andünsten.
2 Die Dosentomaten mitsamt dem Saft, dem Noilly Prat oder Sherry, dem Tomatenpüree und der Gemüsebouillon beifügen. Die Oreganoblättchen von den Zweigen streifen und mit dem Zucker beifügen. Die Suppe bei kleiner Hitze 10 Minuten kochen lassen.
3 Inzwischen den Rahm steif schlagen. Den Käse fein reiben und unter den Rahm ziehen.
4 Die Suppe mit dem Stabmixer fein pürieren. Nochmals aufkochen und ein Drittel der Rahmmischung unterrühren. Die Suppe mit Salz und Pfeffer abschmecken.
5 Die Tomatensuppe in Teller oder Tassen anrichten und je eine Nocke Käserahm darauf setzen. Nach Belieben mit getrockneter Tomate garnieren. Sofort servieren.

Für den Kleinhaushalt 2 Personen: Zutatenmengen halbieren. 1 Person: Die Suppe in der 2-Personen-Menge zubereiten; sie hält sich im Kühlschrank 2–3 Tage.

Pasta, Reis und mehr

Neue Rezeptideen für klassische Zutaten

Knusper-Spaghetti

Ursprünglich ein Arme-Leute-Essen, weil mit den einfachsten und preisgünstigsten Zutaten zubereitet, ist das Rezept heute genau das Richtige, um einen plötzlichen Heisshunger zu stillen: Die Zutaten, die man dazu braucht, sind in jedem Vorrat zu finden. Selbstverständlich kann man das Gericht mit weiteren Zutaten nach Lust und Laune bereichern, zum Beispiel mit frischen Kräutern, einer Hand voll Rucola oder Cherrytomaten, etwas Speck oder Schinken.

400 g Spaghetti
Salz
6 Scheiben Toastbrot
1–2 Peperoncino (italienische Pfefferschoten), je nach gewünschter Schärfe
8 Knoblauchzehen
1/8 l Olivenöl
50 g Parmesan am Stück

1 Die Spaghetti in reichlich kochendem Salzwasser bissfest garen.
2 Inzwischen die Brotscheiben sehr klein würfeln, das heisst fast zerbröseln. Die Peperoncini der Länge nach aufschneiden, entkernen und in feinste Streifchen schneiden. Den Knoblauch schälen und in dünne Scheibchen schneiden.
3 Zwei Drittel des Olivenöls erhitzen. Darin das Brot anrösten. Dann Knoblauch und Peperoncino beifügen und alles noch kurz mitbraten.
4 Die Spaghetti abschütten und gut abtropfen lassen. Mit dem restlichen Olivenöl zur Brotmischung geben und vermengen. Zuletzt den Parmesan grob darüber reiben. Die Spaghetti sofort servieren.

Für den Kleinhaushalt 2 Personen: Zutatenmengen halbieren. 1 Person: Zutatenmengen vierteln, jedoch etwas mehr Olivenöl verwenden.

Spaghetti mit Linsen und Stangensellerie

Teigwaren und Hülsenfrüchte sind in der italienischen Küche eine beliebte Kombination. Damit diese Spezialität ein Schnellgericht bleibt, muss man unbedingt rote Linsen verwenden. Sie sind geschält und haben deshalb eine kurze Kochzeit (10–12 Minuten); auch das Einweichen erübrigt sich. Anstelle von Stangensellerie kann man auch etwa 200 g frischen Spinat verwenden; diesen kurz blanchieren, grob hacken und am Schluss zu den Linsen geben.

2–4 Zweige Stangensellerie, je nach Grösse
1 mittlere Zwiebel
1 Knoblauchzehe
1 Esslöffel Butter
100 g rote Linsen
1/4 l Gemüsebouillon
200 ml Rahm
400 g Spaghetti
1 Bund Petersilie
1 Esslöffel Balsamico- oder Himbeeressig
Salz, schwarzer Pfeffer

1 Den Stangensellerie rüsten und klein würfeln. Zwiebel und Knoblauch schälen und fein hacken.
2 Die Spaghetti in reichlich kochendem Salzwasser bissfest garen.
3 Gleichzeitig in einem zweiten Topf die Butter schmelzen. Stangensellerie, Zwiebel und Knoblauch darin andünsten. Die Linsen, die Gemüsebouillon und den Rahm beifügen. Alles offen bei kleiner Hitze 10–12 Minuten leise kochen lassen.
4 Die Petersilie fein hacken. Am Schluss unter die Linsen mischen und diese mit Essig, Salz und Pfeffer abschmecken.
5 Die Spaghetti abschütten und gut abtropfen lassen. Sofort mit der Linsensauce mischen.

Für den Kleinhaushalt 2 Personen: Zutatenmengen halbieren. 1 Person: Zutatenmengen vierteln, jedoch 100 ml Bouillon und 1 Teelöffel Balsamicoessig verwenden.

Knusper-Spaghetti

Spaghetti mit Linsen und Stangensellerie

Nudelomelette

Teigwaren mit Rucola

Nudelomelette

Ob kurz oder lang, breit oder schmal – alle Reste von Teigwaren eignen sich gleichermassen für die Zubereitung dieser unkomplizierten Omelette. Und auch mit den übrigen Zutaten kann «gespielt» werden: Der Schinken lässt sich durch Braten- und Wurstreste oder Speck ersetzen, und gut passen in einer fleischlosen Variante Tomatenwürfelchen, Lauchringe oder klein geschnittene Gemüsereste. Falls man keine Teigwarenreste hat, kann man die Nudeln auch frisch zubereiten; in diesem Fall rechnet man für 4 Personen je nach Hunger 200–250 g Teigwaren (Trockengewicht).

200 g in Scheiben geschnittener Schinken
20 g Butter
ca. 400 g gekochte Teigwaren
80 g geriebener Sbrinz oder Parmesan
3 Eier
1/8 l Rahm
6 Esslöffel Milch
Salz, schwarzer Pfeffer aus der Mühle

1 Die Schinkenscheiben in Streifen schneiden.
2 In einer beschichteten Bratpfanne die Butter erhitzen. Den Schinken darin kurz anbraten. Dann die Teigwaren dazugeben und alles mit dem Käse bestreuen.
3 Eier, Rahm, Milch, Salz und Pfeffer verquirlen. Über die Teigwaren verteilen. Zugedeckt bei kleiner Hitze – das ist wichtig, damit der Omelettenteig nicht anbrennt! – garen, bis der Eierguss gestockt ist. Die Omelette auf eine vorgewärmte Platte stürzen. Zum Servieren wie eine Torte in Stücke schneiden.
Als Beilage passt grüner Blattsalat oder Salate aus Tomaten, Karotten, Randen (rote Bete) und/oder Gurke.

Für den Kleinhaushalt 2 Personen: Zutatenmengen halbieren, jedoch etwas mehr Butter zum Anbraten sowie 2 Eier und 1/8 l Rahm, dafür keine Milch verwenden. 1 Person: Schinken und Teigwarenmenge vierteln, restliche Zutaten dritteln.

Teigwaren mit Rucola

Als Rauke war Rucola früher auch bei uns beliebt. Doch dann geriet das Kraut – wie andere Gemüsesorten – in Vergessenheit. Aus seinem Dornröschenschlaf wachgeküsst hat es die italienische Küche. Rucola passt aber nicht nur in die Salatschüssel, sondern schmeckt auch hervorragend zum Beispiel mit Teigwaren oder in einem Risotto. Wichtig ist, dass man Rucola immer erst am Schluss unter heisse Gerichte mischt, sonst verliert das Kraut an der Wärme schnell sein leicht pfeffriges Aroma.

500 g Tomaten
200 g Rucola
1 Bund Basilikum
2 Knoblauchzehen
80 g schwarze Oliven
400 g Teigwaren (z. B. Penne, Maccheroni, Farfalle oder Spaghetti)
100 ml kaltgepresstes Olivenöl
Salz, schwarzer Pfeffer aus der Mühle

1 Die Tomaten kurz in kochendes Wasser tauchen, häuten, halbieren, entkernen und in Stücke schneiden.
2 Den Rucola waschen, gut abtropfen lassen, dann grob schneiden. Basilikumblätter in Streifchen schneiden.
3 Den Knoblauch schälen und in Stifte schneiden. Die Oliven entsteinen und in Streifen schneiden.
4 Die Teigwaren in kochendem Salzwasser bissfest garen.
5 Inzwischen das Olivenöl erhitzen. Den Knoblauch darin andünsten. Dann Tomaten und Oliven beifügen und nur gerade 3–4 Minuten dünsten. Mit Salz und Pfeffer würzen.
6 Unmittelbar vor dem Abschütten der Teigwaren Rucola und Basilikum zur Tomatenmischung geben. Nur gerade zusammenfallen lassen.
7 Die Teigwaren gut abtropfen lassen und sofort mit dem Tomaten-Rucola-Gemüse mischen.

Für den Kleinhaushalt 2 Personen: Zutatenmengen halbieren. 1 Person: Zutatenmengen vierteln, jedoch etwas mehr Olivenöl verwenden.

Grüne Nudeln mit Pilzen und Tomaten

Dieses saftige Teigwarengericht kann man je nach Jahreszeit variieren: Das ganze Jahr über passen Champignons oder Austernpilze, im Sommer und Herbst sind es Eierschwämmchen und Steinpilze. Anstelle von Cherrytomaten kann man auch gehäutete, entkernte und grob gewürfelte Zweig- oder Fleischtomaten verwenden.

- 200 g Eierschwämmchen oder andere Pilze
- 300 g Cherrytomaten
- Salz, schwarzer Pfeffer
- 1 mittlere Zwiebel
- 1 Knoblauchzehe
- 1/2 Bund Basilikum
- 2 Esslöffel Butter
- 100 ml Weisswein oder Gemüsebouillon
- 200 ml Rahm
- 400 g grüne Nudeln

1 Die Pilze nur wenn nötig kurz kalt abbrausen, rüsten und je nach Grösse in Stücke schneiden. Die Cherrytomaten halbieren, mit Salz und frisch gemahlenem Pfeffer bestreuen.

2 Die Zwiebel und den Knoblauch schälen und fein hacken. Das Basilikum ebenfalls hacken.

3 In einer kleinen Pfanne die Hälfte der Butter erhitzen. Zwiebel und Knoblauch darin andünsten. Mit dem Weisswein ablöschen und bei grosser Hitze zur Hälfte einkochen lassen. Dann den Rahm beifügen und alles noch so lange reduzieren, bis die Sauce leicht bindet. Am Schluss mit Salz und Pfeffer würzen.

4 Inzwischen die Nudeln in reichlich kochendem Salzwasser bissfest garen.

5 In einer beschichteten Bratpfanne die restliche Butter erhitzen. Die Pilze darin kräftig anbraten; ziehen sie Wasser, dieses vollständig verdampfen lassen. Die Cherrytomaten beifügen und nur noch kurz mitdünsten. Alles mit Salz und Pfeffer abschmecken.

6 Die Nudeln abschütten und gut abtropfen lassen. Sofort mit der Rahmsauce, den Pilzen und Tomaten mischen. Nach Belieben mit frisch gemahlenem Pfeffer bestreuen und am Tisch geriebenen Sbrinz oder Parmesan dazu servieren.

Für den Kleinhaushalt 2 Personen: Zutatenmengen halbieren. 1 Person: Zutatenmengen vierteln, für die Zubereitung der Sauce jedoch 50 ml Weisswein und 75 ml Rahm verwenden.

Grüne Nudeln mit Pilzen und Tomaten

Penne mit Wurstsauce

Risoni mit Speck, Frühlingszwiebeln und Tomaten

Penne mit Wurstsauce

Die röhrenförmigen, schräg geschnittenen Teigwaren gibt es in zwei Sorten: Penne liscie sind glatt, Penne rigate geriffelt. Selbstverständlich eignen sich für die Zubereitung dieses unkomplizierten Gerichts auch andere Teigwaren. Übrigens: Ich sorge immer dafür, dass von diesem Pastagericht ein Rest bleibt – gebraten schmeckt es besonders gut!

1 mittlere Zwiebel
2 Knoblauchzehen
1 Zweig Rosmarin
75 g Butter
300 g Schweinsbratwurst oder Luganighe (italienische Schweinswürste)
200 ml Weisswein
6 Esslöffel Rahm
1 Bund Petersilie
1 Prise frisch geriebene Muskatnuss
1 Prise Nelkenpulver
Salz, schwarzer Pfeffer aus der Mühle
400 g Penne rigate

1 Die Zwiebel und den Knoblauch schälen und fein hacken. Die Rosmarinnadeln ebenfalls hacken. Alles in der warmen Butter leicht braten.
2 Das Brät aus der Wursthaut drücken und beifügen. Mit einer Gabel sehr gut zerdrücken und langsam hellbraun braten. Mit dem Weisswein ablöschen. Bei mittlerer Hitze offen 10 Minuten etwa zur Hälfte einkochen lassen.
3 Die Penne in reichlich kochendem Salzwasser bissfest garen.
4 Die Petersilie fein hacken. Mit dem Rahm zur Sauce geben und diese mit Muskat, Nelkenpulver, Salz und Pfeffer würzen. Nochmals kurz einkochen lassen.
5 Die Penne abschütten und sofort mit der Sauce mischen. Nach Belieben frisch geriebenen Sbrinz oder Parmesan dazu servieren.

Für den Kleinhaushalt 2 Personen: Zutatenmengen halbieren. 1 Person: Zutatenmengen vierteln, jedoch etwas mehr Weisswein und 2–3 Esslöffel Rahm verwenden.

Risoni mit Speck, Frühlingszwiebeln und Tomaten

Risoni, auch Orzo genannt, sind kleine reiskornförmige Teigwaren, die in der italienischen Küche meistens als Suppeneinlage, in der griechischen Küche hingegen häufig als Bestandteil von Eintöpfen oder als eigenständiges Nudelgericht verwendet werden. Anstelle von Speck kann man gebratenen Schinken oder – die Luxusvariante – gebratene Riesencrevetten über das Gericht geben. Aber auch fleischlos schmecken die Risoni ausgezeichnet!

1 Bund Frühlingszwiebeln
4 grosse Tomaten
2 Knoblauchzehen
4 Esslöffel Olivenöl
350 g Risoni
200 ml Weisswein
ca. 1/2 l Gemüse- oder Hühnerbouillon
8 Scheiben Bratspeck
Salz, schwarzer Pfeffer aus der Mühle

1 Das Weisse der Frühlingszwiebeln fein hacken, schönes Grün in feine Ringe schneiden.
2 Die Tomaten quer halbieren, entkernen und würfeln.
3 Den Knoblauch schälen und in feine Scheibchen schneiden.
4 Das Olivenöl erhitzen. Frühlingszwiebeln und Knoblauch darin andünsten. Die Risoni beifügen und mit dem Weisswein ablöschen. Unter gelegentlichem Umrühren einkochen lassen. Dann die Bouillon und die Tomatenwürfel beigeben. Die Teigwaren zugedeckt bissfest garen.
5 Inzwischen den Speck in 3–4 cm breite Streifen schneiden. Im eigenen Fett langsam knusprig braten. Am Schluss über die Risoni verteilen. Nach Belieben separat dazu geriebenen Parmesan oder Sbrinz servieren.

Für den Kleinhaushalt 2 Personen: Zutatenmengen halbieren. 1 Person: Zutatenmengen vierteln, jedoch mindestens 150 ml Bouillon verwenden.

Spaghetti mit Tomatenpesto

Dörrtomaten stammen aus dem Süden Italiens oder aus Griechenland und werden auch heute noch unter freiem Himmel in der glühenden Sommersonne getrocknet. Bei uns werden sie meistens in Olivenöl eingelegt angeboten. In diesem Rezept verwandeln wir sie in eine kräftige Würzpaste, die gut zu Teigwaren oder als Crostini-Aufstrich passt. Es lohnt sich, Tomatenpesto in grösserer Menge zuzubereiten, denn die Paste hält sich mit etwas Olivenöl bedeckt in einem Glas mit Schraubdeckel im Kühlschrank gut einen Monat. Die Paste eignet sich auch hervorragend zum Würzen von kräftigen Fleisch- und Tomatensaucen sowie für Ragouts. Übrigens: Wer keine Zeit oder Lust hat, den Tomatenpesto selbst zuzubereiten, kann ihn in grossen Lebensmittelgeschäften oder im italienischen Spezialitätengeschäft fertig kaufen.

100 g getrocknete, in Öl eingelegte Tomaten, abgetropft gewogen
2 Knoblauchzehen
6–8 Esslöffel Öl von den eingelegten Tomaten oder Olivenöl
25 g Pinienkerne
50 g geriebener Parmesan
schwarzer Pfeffer aus der Mühle
400 g Spaghetti
Salz
1 Bund Basilikum

1 Die Tomaten in Streifen schneiden. Den Knoblauch schälen und in Stifte schneiden. Beides mit dem Öl im Cutter fein pürieren. Dann die Pinienkerne und den Parmesan beifügen, wieder mixen und wenn nötig noch etwas Öl nachgeben. Die Paste mit reichlich frisch gemahlenem Pfeffer würzen. Salz braucht es nicht, da die Tomaten zum Trocknen eingesalzen werden.

2 Reichlich Salzwasser aufkochen. Die Spaghetti darin bissfest garen.

3 Inzwischen das Basilikum in feinste Streifchen schneiden.

4 Die Spaghetti abschütten, dabei 4–6 Esslöffel Kochwasser zurückbehalten. Die Spaghetti mit dem Tomatenpesto, dem Basilikum und dem Spaghettikochwasser gut mischen. Nach Belieben separat geriebenen Parmesan dazu servieren.

Für den Kleinhaushalt 2 Personen: Zutatenmengen halbieren. 1 Person: Den Pesto (mindestens) in der halben Menge zubereiten; er entwickelt sein Aroma besser in grösserer Menge.

Spaghetti mit Tomatenpesto

Gebratene Nudeln mit Spinat und Schweinsfilet

Gemüserisotto mit gebratenen Fleischstreifen

MÌ TRỨNG GÀ
鷄蛋麵
MITATION
EGG NOODLE
REPARATION ALIMENTAIRE A BASE DE FARINE DE
BLE TENDRE AUX OEUFS

Gebratene Nudeln mit Spinat und Schweinsfilet

Aus asiatischen Kochtöpfen stammt dieses würzig-scharfe Nudelgericht. Es kann auch fleischlos zubereitet werden. In diesem Fall 2–3 Karotten in zündholzgrosse Streifchen schneiden und zusammen mit Ingwer, Knoblauch und Chilischote kurz braten – schmeckt hervorragend! Übrigens: Die Hoisinsauce, eine pikant-süssliche fermentierte Pflaumensauce aus der chinesischen Küche, verleiht dem Gericht eine köstliche Würze, ich ersetze sie manchmal durch eine Mischung von Sojasauce und etwas scharfem Ketchup.

200 g chinesische Weizennudeln
oder schmale Eiernudeln
350–400 g Schweinsfilet
2 Esslöffel Sojasauce
2 Esslöffel Sherry
1 Prise Zucker
1 Esslöffel Speisestärke
2 Esslöffel Öl
400 g frischer Blattspinat oder ca. 200 g Tiefkühl-Blattspinat, an- oder aufgetaut
1 rote Chilischote
ca. 2 cm frischer Ingwer
2 Knoblauchzehen
Öl zum Braten
3 Esslöffel Hoisinsauce
4 Esslöffel Sojasauce
1/8 l Hühnerbouillon
Salz, schwarzer Pfeffer aus der Mühle

1 Reichlich Salzwasser aufkochen. Die Nudeln darin bissfest garen. Abschütten und gründlich kalt abschrecken, damit sie nicht zusammenkleben.
2 Während die Nudeln garen, das Schweinsfilet in dünne Scheibchen schneiden. Sojasauce, Sherry, Zucker, Speisestärke und Öl verrühren. Mit dem Fleisch mischen.
3 Den Spinat gründlich waschen. Auf einem Küchentuch sehr gut abtropfen lassen.
4 Die Chilischote der Länge nach halbieren, entkernen und in feinste Streifchen schneiden. Ingwer und Knoblauch schälen und fein hacken.
5 Etwas Öl in einer grossen Bratpfanne oder im Wok erhitzen. Ingwer, Knoblauch und Chilischote darin andünsten. Das Fleisch gut abtropfen lassen – restliche Marinade beiseite stellen – und in die Pfanne geben. Bei grosser Hitze rundherum kurz braten, dann herausnehmen.
6 Die Hoisinsauce zum Bratensatz geben. Den Spinat beifügen und nur gerade so lange dünsten, bis er zusammenfällt. Dann die Sojasauce, die Bouillon, die restliche Marinade, Nudeln und Fleisch beifügen. Wenn nötig mit Salz und Pfeffer abschmecken und unter Wenden nur noch sehr gut heiss werden lassen.
Als Beilage passt Trocken- oder Basmatireis.

Für den Kleinhaushalt 2 Personen: Zutatenmengen halbieren. 1 Person: Zutatenmengen vierteln, jedoch 4 Esslöffel Bouillon und 1 Esslöffel Hoisinsauce verwenden.

Gemüserisotto mit gebratenen Fleischstreifen

Ein Risotto für alle Fälle: Je nach Saison kann er mit immer wieder anderen Gemüsen variiert werden, zum Beispiel mit Karotten, Kohlrabi, Kefen, Zucchetti, Kürbis, Tomaten oder Spinat. Gleich welches Gemüse man verwendet, es muss unbedingt klein geschnitten werden, damit es gleichzeitig mit dem Reis gar wird. Auch beim Fleisch hat man viele Möglichkeiten zum Abwechseln: Anstelle von Rindshuft eignen sich auch Schweins- oder Lammfilet, geschnetzeltes Kalbfleisch, Poulet (Huhn) oder Entenbrust, die man dafür von der Fettschicht befreit. Auch hier gilt: Das Fleisch in mundgerechte Streifen schneiden, damit man es wie die anderen Risottozutaten mit der Gabel essen kann.

300 g Rindshuft
1 Teelöffel Senf
6 Lattichblätter
1 rote Peperoni (Paprika)
1 mittlere Zwiebel
2 Knoblauchzehen
1 Esslöffel Butter
1 Esslöffel Olivenöl
300 g Risottoreis (z. B. Arborio, Vialone oder Carnaroli)
100 g tiefgekühlte Erbsen
150 ml Weisswein
ca. 3/4 l Hühner- oder Gemüsebouillon
2–3 Esslöffel Rahm
1 Esslöffel Butter
50 g geriebener Parmesan oder Sbrinz
Salz, schwarzer Pfeffer aus der Mühle
1 Esslöffel Bratbutter

1 Die Rindshuft rundherum mit dem Senf einreiben, dann in knapp kleinfingergrosse Streifen schneiden.
2 Die Lattichblätter in feinste Streifen schneiden.
3 Die Peperoni halbieren, entkernen und klein würfeln.
4 Die Zwiebel und den Knoblauch schälen und fein hacken.
5 In einer Pfanne Butter und Olivenöl erhitzen. Zwiebel und Knoblauch darin andünsten. Den Reis beifügen und so lange mitdünsten, bis die Körner mit einem Fettfilm überzogen sind und leicht knistern. Peperoni und Erbsen beifügen und den Weisswein dazugiessen. Unter ständigem Rühren vollständig einkochen lassen. Dann die Hälfte der Bouillon dazugiessen und wiederum weitergaren, bis sie vollständig vom Reis aufgenommen ist. Mit der restlichen Bouillon ebenso verfahren.
6 Wenn der Reis knapp bissfest gegart ist – er soll in der Konsistenz noch sehr feucht sein! –, Rahm, Butter und Käse unterrühren und den Risotto mit Salz und Pfeffer abschmecken. Zugedeckt beiseite stellen.
7 In einer Bratpfanne die Bratbutter kräftig erhitzen. Die Rindshuftstreifen mit Salz und Pfeffer würzen und auf der ersten Seite etwa 1 1/2 Minuten, auf der zweiten Seite gerade noch 1 Minute braten. Auf dem Reis anrichten und sofort servieren.

Für den Kleinhaushalt 2 Personen: Zutatenmengen halbieren, jedoch 100 ml Weisswein und etwa 350 ml Bouillon verwenden. 1 Person: Zutatenmengen vierteln, jedoch 4–6 Esslöffel Weisswein und 1/4 l Bouillon sowie zum Fertigstellen 1 Teelöffel Butter und 1 Esslöffel Rahm verwenden.

Kräuterrisotto

Für das perfekte Gelingen eines Risottos braucht es vor allem die richtige Reissorte. Sie muss viel Flüssigkeit aufnehmen können und gleichzeitig Stärke freisetzen, damit der Risotto in der Konsistenz leicht cremig wird. Sehr gut geeignet sind die Sorten Carnaroli – eine der teuersten Reissorten –, Arborio oder Vialone.

Je 1 Bund Basilikum und glattblättrige Petersilie
1 Zweig Rosmarin
4 Salbeiblätter
4 Esslöffel kaltgepresstes Olivenöl
1 mittlere Zwiebel
2 Knoblauchzehen
1 Esslöffel Butter
1 Esslöffel Olivenöl
300 g Risottoreis
150 ml Weisswein
ca. 3/4 l Gemüse- oder Hühnerbouillon
50 g frisch geriebener Parmesan oder Sbrinz
Salz, schwarzer Pfeffer aus der Mühle

1 Basilikum, Petersilie, Rosmarin und Salbei mit dem Olivenöl zu einer Paste pürieren.
2 Zwiebel und Knoblauch schälen und fein hacken.
3 Butter und Olivenöl erhitzen. Zwiebel und Knoblauch darin 3–4 Minuten dünsten. Dann den Reis beifügen und mitdünsten, bis die Körner von einem Fettfilm überzogen sind. Den Weisswein dazugiessen und unter Rühren vollständig einkochen lassen. Nun die Hälfte der Bouillon beifügen und weitergaren, bis sie vom Reis aufgenommen ist. Mit der restlichen Bouillon ebenso verfahren.
4 Wenn der Risotto bissfest ist, die vorbereitete Kräuterpaste und den Käse unterrühren. Den Risotto mit Salz und Pfeffer abschmecken. Vom Herd nehmen und zugedeckt noch 3–4 Minuten nachgaren lassen. Den Risotto sofort servieren.

Für den Kleinhaushalt 2 Personen: Zutatenmengen halbieren. 1 Person: Zutatenmengen vierteln, jedoch 4 Esslöffel Weisswein und 1/4 l Bouillon verwenden.

Indischer Auberginenreis

In der indischen Küche wird Curry für jedes Gericht individuell gemischt. Ich empfehle für diesen Reis eine nicht allzu scharfe gekaufte Sorte. Curry immer kurz in Fettstoff andünsten, damit er sein Aroma voll entfalten kann. Kokosmilch gibt es als praktischen Vorrat in Dosen zu kaufen. Sie kann durch sauren Halbrahm ersetzt werden, den man mit etwas Vollrahm verrührt.

2–3 Auberginen, je nach Grösse
1 mittlere Zwiebel
50 g Butter oder Öl
2 Esslöffel milder Curry
1 Esslöffel Zitronensaft
1/4 l Gemüsebouillon
200 g Langkornreis oder eine Fertigmischung verschiedener Reissorten
150 ml Kokosmilch
Salz, Pfeffer

1 Den Stielansatz der Auberginen entfernen und die Früchte ungeschält in Würfel schneiden.
2 In einem Topf reichlich Salzwasser aufkochen.
3 Inzwischen die Zwiebel schälen und fein hacken. In der heissen Butter oder im Öl andünsten. Die Auberginen beifügen und 3–4 Minuten braten. Das Currypulver darüber streuen und kurz mitdünsten. Dann Zitronensaft und Bouillon beifügen. Die Auberginen bei kleiner Hitze etwa 10 Minuten weich schmoren.
4 Den Reis in das kochende Salzwasser geben und etwa 12 Minuten knapp weich garen.
5 Wenn die Auberginen weich sind, die Kokosmilch darunter mischen und die Auberginen mit Salz und Pfeffer abschmecken. Nochmals 2–3 Minuten kochen lassen.
6 Den Reis abschütten und gut abtropfen lassen. Die Hälfte des Reises in einer Schüssel anrichten, die Hälfte des Auberginengemüses darüber verteilen, mit dem restlichen Reis bedecken und mit Gemüse abschliessen.

Für den Kleinhaushalt 2 Personen: Zutatenmengen halbieren. 1 Person: 1 kleine Aubergine, 100 ml Bouillon und 50 ml Kokosmilch verwenden.

Kräuterrisotto

Indischer Auberginenreis

Gebratener Reis mit Gemüse und Riesencrevetten

Zum Blitzgericht wird diese asiatische Reisspezialität, wenn man Reste von Trockenreis im Kühlschrank hat. Doch auch frischer Reis ist schnell zubereitet, zumal es auch Instantreis im Handel gibt, der in ein paar wenigen Minuten gekocht ist.

250 g Langkorn- oder Parboiled-Reis
8 Riesencrevetten
150 g in Scheiben geschnittener Schinken
1 gelbe oder rote Peperoni (Paprika)
1 Peperoncino (italienische Pfefferschote)
2 Frühlingszwiebeln
3 Eier
Salz, Pfeffer
3–4 Esslöffel Erdnussöl
250 g tiefgekühlte Erbsen
80 g Sojabohnensprossen
2–3 Esslöffel helle Sojasauce

1 Den Reis in reichlich kochendem Salzwasser je nach Sorte 10–12 Minuten noch sehr körnig kochen. Abschütten und gut mit kaltem Wasser abschrecken, damit er nicht klebt.
2 Während der Reis kocht, die Riesencrevetten wenn nötig aus der Schale lösen und den schwarzen Darmfaden entfernen. Den Schinken in kleine Vierecke schneiden. Die Peperoni und den Peperoncino halbieren, entkernen und in feine Streifen schneiden. Die Frühlingszwiebeln mitsamt Grün in feine Ringe schneiden. Die Eier mit Salz und Pfeffer verquirlen.
3 In einem Wok oder in einer grossen Bratpfanne die Hälfte des Erdnussöls sehr stark erhitzen. Die Riesencrevetten mit Salz und Pfeffer würzen und unter Wenden nur gerade 1 Minute braten. Herausnehmen und warm stellen.
4 Das restliche Öl beifügen und wiederum stark erhitzen. Schinken, Peperoni, Peperoncino, Frühlingszwiebeln und Erbsen darin unter Wenden 2–3 Minuten kräftig braten. Dann die Hitze reduzieren und die verquirlten Eier beifügen. Unter Wenden gerade knapp stocken lassen. Nun den gekochten Reis, die Sojasprossen und die Sojasauce beifügen und alles unter Rühren nur noch sehr gut heiss werden lassen.

Für den Kleinhaushalt 2 Personen: Zutatenmengen halbieren, jedoch 2 Eier und 2 Esslöffel Sojasauce verwenden. 1 Person: Zutatenmengen vierteln, jedoch ½ Peperoni, 1 kleine Frühlingszwiebel, 1 Ei und 2 Esslöffel Sojasauce verwenden; die Sojasprossen eventuell weglassen, dafür etwas mehr Erbsen beifügen.

Gebratener Reis mit Gemüse und Riesencrevetten

Überbackene Griessnocken

Ein Gericht aus Grossmutters Küche, das in der Zubereitung aufwendiger aussieht, als es tatsächlich ist: Nocken aus Griess, verfeinert mit Kräutern, Eiern und Käse, kurz überbacken an einer Tomatensauce. Die etwas üppigere Variante: Die Tomatensauce durch einen Becher Rahm ersetzen, den man mit entkernten und in Würfelchen geschnittenen Tomaten mischt. Übrigens: Wenn Sie das Gericht einige Zeit im Voraus zubereiten, aber erst kurz vor dem Servieren überbacken, die Ofentemperatur auf 200 Grad einstellen und 15–20 Minuten backen, damit es wieder gut heiss wird.

- 1/2 Bund Petersilie
- 1/2 Bund Schnittlauch
- 4–6 Zweige Thymian
- 1/4 l Milch
- 1/4 l Wasser
- Salz, schwarzer Pfeffer aus der Mühle
- 1 Prise frisch geriebene Muskatnuss
- 200 g Griess
- 2 Eier
- 2 Esslöffel Rahm
- 100 g geriebener Greyerzer oder Tilsiter
- 1 kleine Zwiebel
- 1 Knoblauchzehe
- 1 Esslöffel Olivenöl
- 400 g gehackte Dosentomaten (Pelati)
- 50 g geriebener Greyerzer oder Tilsiter

1 Petersilie, Schnittlauch und Thymian fein schneiden. Mit der Milch, dem Wasser, etwas Salz, Pfeffer und Muskatnuss aufkochen. Den Griess einrieseln lassen und unter Rühren so lange leise kochen lassen, bis sich die Masse vom Rand zu lösen beginnt. In eine Schüssel geben.

2 Die Eier und den Rahm verquirlen, mit Salz und Pfeffer leicht würzen. Mit dem Käse unter den noch heissen Griess mischen. Kurz stehen lassen.

3 Inzwischen die Zwiebel und den Knoblauch schälen und fein hacken. Im heissen Olivenöl andünsten. Die Dosentomaten beifügen, 5 Minuten kochen lassen, dann die Sauce mit Salz und Pfeffer würzen. Auf dem Boden einer gefetteten Gratinform verteilen.

4 Mit einem in heisses Wasser getauchten grossen Esslöffel aus der Griessmasse Nocken formen und in die Tomatensauce setzen. Mit dem Käse bestreuen.

5 Im auf 220 Grad vorgeheizten Ofen auf der mittleren Rille etwa 10 Minuten überbacken.

Für den Kleinhaushalt 2 Personen: Zutatenmengen halbieren. 1 Person: Zum Kochen der Griessmasse 50 ml Milch und 150 ml Wasser verwenden; mit 1 Eigelb, 1 Esslöffel Rahm und 25 g Käse verfeinern. Zum Überbacken die halbe Portion Tomatensauce zubereiten.

Überbackene Griessnocken

Kräuter-Tomaten-Polenta mit Cipollata

Kartoffel-Fritters

Kräuter-Tomaten-Polenta mit Cipollata

Cremig-feucht und zart ist diese würzige Polenta, die auch ohne die kleinen Bratwürstchen hervorragend schmeckt. Sie passt übrigens ebenso gut als Beilage zu einem Ragout, Geschnetzeltem aller Art oder einem im Ofen gebratenen Lammgigot. Besonders fein, aber auch entsprechend üppig wird die Polenta, wenn man einen Teil der Milch durch Rahm ersetzt.

$^1/_2$ l Milch oder halb Milch, halb Rahm
$^1/_2$ l Gemüsebouillon
200 g Maisgriess
2–3 Fleischtomaten
oder 200 g gehackte Dosentomaten (Pelati)
1 mittlere Zwiebel
1 Esslöffel Butter
Salz, schwarzer Pfeffer aus der Mühle
$^1/_2$ Bund Petersilie
$^1/_2$ Bund Basilikum
1 Zweig Rosmarin
2 Salbeiblätter
$^1/_2$ Esslöffel Bratbutter
12–16 Cipollata-Würstchen
(kleine Schweins- oder Kalbsbratwürstchen)
80 g geriebener Sbrinz oder Parmesan

1 Milch und Bouillon zusammen aufkochen. Den Mais unter Rühren einlaufen lassen. Die Polenta zugedeckt bei kleinster Hitze etwa 15 Minuten quellen lassen.
2 Inzwischen die Tomaten vom Stielansatz befreien und in kleine Würfel schneiden. Die Zwiebel schälen und fein hacken.
3 Die Butter in einer kleinen Pfanne schmelzen. Die Zwiebel darin glasig dünsten. Die Tomaten beifügen und nur gerade 3–4 Minuten mitdünsten. Mit Salz und Pfeffer würzen.
4 Alle Kräuter fein hacken. Zu den Tomaten geben.
5 In einer beschichteten Bratpfanne in der heissen Bratbutter die Cipollata-Würstchen rundherum hellbraun braten.
6 Vor dem Servieren die Tomaten-Kräuter-Mischung sowie den Käse unter die Polenta mischen und noch 2–3 Minuten ziehen lassen. Die Würstchen darauf anrichten.

Für den Kleinhaushalt 2 Personen: Zutatenmengen halbieren. 1 Person: Zutatenmengen vierteln, jedoch mindestens 1 mittlere Tomate und eventuell nur eine Sorte Kräuter verwenden.

Kartoffel-Fritters

Backofen-Pommes-frites könnte man sie auch nennen, diese mitsamt der Schale in Schnitze geschnittenen Kartoffeln, zu denen man eine rassige Dipsauce auf Joghurtbasis serviert. Sie sind zusammen mit Salat eine unkomplizierte fleischlose Mahlzeit, passen aber auch als origineller Fingerfood zum Aperitif oder als Beilage zu kurz gebratenem oder grilliertem Fleisch.

10–12 mittlere Kartoffeln
6 Esslöffel Öl
2 Esslöffel Chilipulver
Salz, schwarzer Pfeffer aus der Mühle
300 g nordische Sauermilch oder Joghurt
2 Esslöffel Crème fraîche
1 Esslöffel Zitronensaft
4 Esslöffel Ketchup
nach Belieben etwas Cayennepfeffer
oder zerriebene getrocknete Chilischote
1 Knoblauchzehe

1 Reichlich Salzwasser aufkochen.
2 Die Kartoffeln in der Schale unter fliessendem Wasser bürsten und der Länge nach je nach Grösse in Sechstel oder Achtel schneiden. In das kochende Salzwasser geben und 5–8 Minuten bissfest garen.
3 In der Zwischenzeit in einer grossen Schüssel Öl, Chilipulver, Salz und Pfeffer zu einer Marinade rühren.
4 Für den Dip Sauermilch oder Joghurt, Crème fraîche, Zitronensaft, Ketchup und Cayennepfeffer oder zerstossene Chilischote miteinander verrühren. Den Knoblauch dazupressen und die Sauce mit Salz würzen.
5 Den Backofengrill auf 225 Grad vorheizen.
6 Die Kartoffeln abschütten, sehr gut abtropfen lassen, in die Schüssel mit der Chili-Marinade geben und gut mischen. Die Kartoffeln auf ein Backblech geben.
7 Die Kartoffel-Fritters im oberen Drittel unter dem heissen Grill 4–5 Minuten braten, dann wenden und weitere 4–5 Minuten grillieren. Frisch aus dem Ofen mit der Dip-Sauce servieren.

Für den Kleinhaushalt 2 Personen: Zutatenmengen halbieren. 1 Person: Zutatenmengen vierteln.

Gemüse in der Hauptrolle

Einfache, originelle Gemüsemahlzeiten

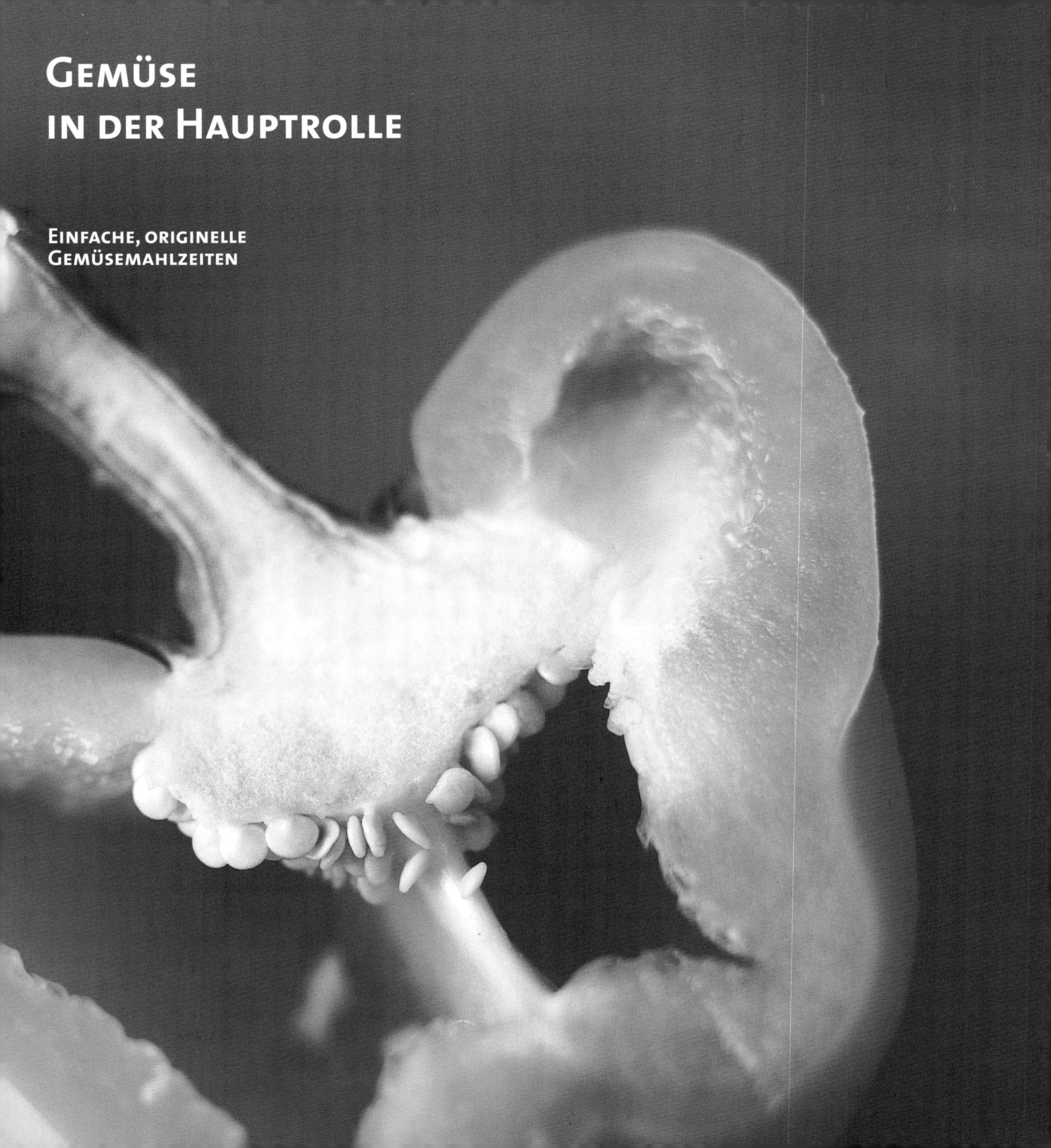

Mais-Lauch-Küchlein

Karottenrösti

Mais-Lauch-Küchlein

Die kleinen Gemüseomelettchen können je nach Saison auch mit frisch vom Kolben geschnittenen und kurz in wenig Wasser gedünsteten Maiskörnern zubereitet werden. Kein Salz ins Kochwasser geben, sonst werden die Maiskörner hart! Anstelle von Lauch passen auch klein gewürfelte Peperoni (Paprika) oder Zucchetti. Die Masse kann problemlos im Voraus zubereitet werden, die Küchlein sollte man allerdings frisch braten. Ein kleiner Schuss Bier macht den Teig besonders luftig; in diesem Fall 1 Esslöffel Mehl mehr verwenden.

1 Stange Lauch
1 Esslöffel Butter
4 Eier
2 gehäufte Esslöffel Mehl
Salz, schwarzer Pfeffer aus der Mühle
400 g Maiskörner aus der Dose, abgetropft
1 Bund Schnittlauch
Butter zum Braten

1 Den Lauch rüsten und in feine Ringe schneiden. In der Butter unter Wenden 3–4 Minuten dünsten. Leicht abkühlen lassen.
2 Inzwischen die Eier verquirlen. Das Mehl in einem kleinen Sieb darüber stäuben und alles zu einem glatten Teig rühren. Mit Salz und Pfeffer würzen. Maiskörner und Lauch beifügen. Den Schnittlauch dazuschneiden.
3 In einer beschichteten Bratpfanne etwas Butter erhitzen. Pro Küchlein 2 Esslöffel Teigmasse hineingeben und von beiden Seiten goldgelb braten. Die Küchlein warm stellen, bis die ganze Masse gebacken ist.
Werden die Küchlein als Mahlzeit serviert, passt als Beilage eine Joghurt-Kräuter-Sauce (siehe Rezept «Peperoni mit Joghurtsauce», Seite 67) oder eine Tomatensauce.

Für den Kleinhaushalt 2 Personen: Zutatenmengen halbieren. 1 Person: Zutatenmengen vierteln.

Karottenrösti

Es muss nicht immer Kartoffel sein: Auch Gemüse lässt sich in Röstiform zubereiten. Besonders gut eignen sich Karotten und Knollensellerie; diesen nach dem Raffeln sofort mit wenig Zitronensaft mischen, damit er sich nicht braun verfärbt. Auch eine Mischung der beiden Gemüse schmeckt sehr gut. Die kleinen Röstis sind nicht nur eine ausgezeichnete Beilage zu fast allen Fleischgerichten, sondern schmecken auch als eigenständige Mahlzeit zusammen mit Spiegeleiern und/oder Salat.

600 g Karotten
3 Esslöffel Mehl
2 Eier
1 Zwiebel
3/4 Teelöffel Selleriesalz
oder 1/2 Teelöffel normales Salz
schwarzer Pfeffer aus der Mühle
2 Esslöffel Bratbutter

1 Die Karotten schälen und grob reiben. Das Mehl in ein kleines Sieb geben und darüber stäuben. Die Eier verquirlen und untermischen.
2 Die Zwiebel schälen und sehr fein hacken. Mit dem Selleriesalz oder Salz sowie etwas Pfeffer aus der Mühle unter die Karottenmasse mischen.
3 In einer Bratpfanne die Butter erhitzen. Mit einem grossen Löffel Portionen von der Karottenmasse abstechen, in die Pfanne setzen und zu kleinen, flachen Küchlein formen. Die Röstiküchlein auf mittlerer bis kleiner Hitze – die ersten 10 Minuten zugedeckt! – auf beiden Seiten goldbraun braten.

Für den Kleinhaushalt 2 Personen: Zutatenmengen halbieren. 1 Person: Zutaten dritteln; 1 Eigelb anstatt ein ganzes Ei verwenden.

«Grüne» Tomaten

Gemüsecurry

Gemüsecurry

Auf diese Art kann man nahezu jedes Gemüse zubereiten. Haben Sie kein Kurkuma im Gewürzvorrat, empfiehlt es sich, eine intensiv gelbfarbene Currysorte zu verwenden; diese enthält nämlich reichlich vom stark gelb färbenden Kurkuma. Korianderpulver hingegen sollten Sie in jedem Fall im Vorrat haben, denn es kann auch zum Würzen von Fleisch, Geflügel, Fisch und Kräutersaucen verwendet werden.

1 grosse Aubergine
2 mittlere Zucchetti
2 rote Peperoni (Paprika)
1 kleiner Blumenkohl
1 kleine Zwiebel
3–4 Esslöffel Öl
je 2 Teelöffel Kurkuma und Korianderpulver
2 Teelöffel Curry
1 Messerspitze Chili
200 ml Gemüsebouillon
200 ml Kokosmilch (aus der Dose)
Salz, schwarzer Pfeffer aus der Mühle

1 Den Stielansatz von Aubergine und Zucchetti entfernen. Beide Gemüse ungeschält in daumendicke Stengelchen schneiden. Die Peperoni halbieren, entkernen und würfeln. Den Blumenkohl in Röschen teilen. Die Zwiebel schälen und fein hacken.
2 In einer grossen Pfanne das Öl erhitzen. Die Zwiebel darin glasig dünsten. Dann Kurkuma, Korianderpulver, Curry und Chili beifügen und kurz mitrösten, bis es gut riecht. Sämtliche Gemüse beifügen. Bouillon und Kokosmilch dazugeben und alles zugedeckt knackig garen. Am Schluss mit Salz und Pfeffer sowie nach Belieben mit etwas Curry abschmecken.
Als Beilage passt Basmati- oder Trockenreis sowie nach Belieben ein Chutney.

Für den Kleinhaushalt 2 Personen: Zutatenmengen halbieren. 1 Person: Zutatenmengen vierteln, jedoch etwa 100 ml Kokosmilch verwenden.

«Grüne» Tomaten

Diese Tomaten mit Kräuterpaste schmecken heiss serviert mit Reis oder Teigwaren als Beilage genauso gut wie lauwarm oder ausgekühlt – aber nie direkt aus dem Kühlschrank – als leichte sommerliche Vorspeise. Hausgemachtes Paniermehl erhält man, indem man Brotreste trocknen lässt und sie an der Bircherraffel reibt oder in einem Plastikbeutel mit dem Teigroller nicht zu fein zerbröselt. In einem gut verschlossenen Glas hält sich das Paniermehl 4–6 Wochen frisch.

8–10 Tomaten, je nach Grösse
Salz, schwarzer Pfeffer aus der Mühle
2 Bund Petersilie
2 Bund Basilikum
2 Knoblauchzehen
50 g geriebener Sbrinz oder Parmesan
75 g hausgemachtes Paniermehl (siehe Tipp oben)
6 Esslöffel Olivenöl

1 Die Tomaten waschen und halbieren. Die Schnittflächen mit Salz und Pfeffer würzen. In eine Gratinform setzen.
2 Petersilie und Basilikum fein hacken und in eine kleine Schüssel geben. Die Knoblauchzehen schälen und dazupressen. Käse, Paniermehl und Olivenöl beifügen und alles zu einer Paste mischen. Sparsam mit Salz und reichlich mit frisch gemahlenem Pfeffer aus der Mühle würzen. Die Paste auf die Tomatenschnittflächen verteilen.
3 Die Tomaten im auf 220 Grad vorgeheizten Ofen etwa 15 Minuten backen. Heiss, lauwarm oder ausgekühlt servieren.

Für den Kleinhaushalt 2 Personen: Zutatenmengen halbieren. 1 Person: Zutatenmengen vierteln, jedoch mindestens 2 Esslöffel Olivenöl verwenden.

Krautstiele mit gebratenem Knoblauch

Anstelle von Krautstielen kann man für dieses pikant gewürzte Gericht auch alle Arten von Blattgemüse verwenden, wie Spinat, Pak Choi, Chinakohl oder Wirz (Wirsing). Durch das kurze Braten bleiben Farbe, Inhaltsstoffe und Aroma dieser Gemüse besonders gut erhalten.

Ca. 600 g Krautstiele mit schönem Grün
4 grosse Knoblauchzehen
1 Peperoncino (italienische Pfefferschote)
1 Bund glattblättrige Petersilie
3–4 Esslöffel Olivenöl
Salz, Pfeffer

1 Die Krautstiele rüsten und mitsamt schönem Grün in Streifen schneiden, dann nur sehr kurz und grob hacken.
2 Die Knoblauchzehen schälen und in feine Scheibchen schneiden. Den Peperoncino der Länge nach halbieren, entkernen und in Streifchen schneiden. Die Petersilie grob hacken.
3 In einem Wok oder in einer grossen Bratpfanne die Hälfte des Olivenöls nicht zu stark erhitzen. Die Knoblauchscheibchen hineingeben und goldgelb braten. Wichtig: Sie dürfen nicht zu stark bräunen, sonst schmeckt der Knoblauch bitter. Aus der Pfanne nehmen.
4 Das restliche Öl in die Pfanne geben und den Peperoncino andünsten. Dann die Hitze höher stellen, das Gemüse beifügen, salzen und pfeffern und alles unter Wenden 5–6 Minuten gerade weich dünsten. Am Schluss die Petersilie untermischen. Die Krautstiele auf einer vorgewärmten Platte anrichten und mit den Knoblauchscheibchen bestreuen.
Als Beilage passen in der Schale gebratene kleine Kartoffeln oder ein Weissweinrisotto.

Für den Kleinhaushalt 2 Personen: Zutatenmengen halbieren; eventuell etwas mehr Öl zum Braten verwenden. 1 Person: Zutatenmengen vierteln; eventuell etwas mehr Öl zum Braten verwenden.

Krautstiele mit gebratenem Knoblauch

Gebratener Stangensellerie mit Schinken

Wenn es einmal ganz schnell gehen muss, schneidet man sowohl Gemüse wie Schinken in etwa 3 cm lange Stücke und brät die Zutaten nach Rezept.

Ca. 600 g Stangensellerie
1 Bund Schnittlauch
Salz
200 g in dünne Scheiben geschnittener Schinken
2 Knoblauchzehen
nach Belieben 1 kleines Stück frischer Ingwer
3–4 Esslöffel Öl
6 Esslöffel Gemüsebouillon
1–2 Esslöffel Sojasauce
schwarzer Pfeffer aus der Mühle

1 Vom Stangensellerie die groben Fasern wie beim Rhabarber abziehen. Zartes Grün beiseite legen. Die Stengel in etwa 10 cm lange Stücke schneiden.
2 Reichlich leicht gesalzenes Wasser aufkochen. Zuerst mit einer Schaumkelle die Schnittlauchhalme kurz hineintauchen, sofort wieder herausnehmen und kalt abschrecken. Dann den Stangensellerie hineingeben und 3 Minuten vorkochen. Abschütten und kalt abschrecken.
3 Die Schinkenscheiben halbieren. Jeweils 3–4 Selleriestangen mit einer Schinkenscheibe und einem Schnittlauchhalm umwickeln.
4 Den Knoblauch schälen und in dünne Scheibchen schneiden. Den Ingwer schälen und fein reiben oder hacken. Beiseite gelegtes Selleriegrün ebenfalls hacken.
5 In einer grossen beschichteten Bratpfanne das Öl erhitzen. Knoblauch und Ingwer hineingeben. Die Stangenselleriepakete dazu legen und anbraten. Wenden, die Bouillon angiessen und bei grosser Hitze fast vollständig verdampfen lassen. Am Schluss das Gemüse mit Sojasauce und dem gehackten Grün würzen.

Für den Kleinhaushalt
2 Personen: Zutatenmengen halbieren, jedoch 4 Esslöffel Bouillon verwenden. 1 Person: Zutatenmengen vierteln, jedoch zum Braten 2 Esslöffel Öl und 3–4 Esslöffel Bouillon verwenden.

Orientalische Karotten

Am besten schmeckt dieses rassige Gemüse, wenn man die Karotten nicht zu weich dünstet. Nach Belieben kann man am Schluss je nach Jahreszeit etwas frisches Basilikum oder glattblättrige Petersilie untermischen. Übrigens: Dieses Gericht schmeckt warm genauso gut wie ausgekühlt. Als Beilage kann man frisches Brot, Fetakäse oder – wer's lieber mit Fleisch mag – Hackfleischbällchen (Rezept Seite 92) dazu reichen.

800 g Karotten
2 grosse Frühlings- oder Bundzwiebeln
2 Knoblauchzehen
1 kleine rote Chilischote
4 Esslöffel Olivenöl
1 Teelöffel edelsüsser Paprika
1 Prise Zucker
100 ml Gemüsebouillon
2 Esslöffel Zitronensaft
Salz

1 Die Karotten schälen und schräg in Scheiben schneiden. Die Zwiebeln halbieren und mitsamt schönem Grün in Ringe schneiden. Den Knoblauch schälen und sehr fein hacken. Die Chilischote der Länge nach halbieren, entkernen und klein würfeln.
2 In einer weiten Pfanne das Olivenöl erhitzen. Die Zwiebeln darin glasig dünsten. Karotten, Knoblauch, Chili, Paprika und Zucker beifügen und alles kurz mitrösten. Bouillon und Zitronensaft dazugiessen. Das Gemüse zugedeckt bei kleiner Hitze 10–12 Minuten nicht zu weich garen; wenn nötig etwas Bouillon nachgiessen. Am Schluss mit Salz und nach Belieben mit wenig Zitronensaft und Olivenöl abschmecken. Heiss oder kalt servieren.

Für den Kleinhaushalt: 2 Personen: Zutatenmengen halbieren, jedoch 4 Esslöffel Olivenöl, 100 ml Bouillon und 2 Esslöffel Zitronensaft zum Garen beibehalten. 1 Person: Zutatenmengen vierteln, jedoch 2 Esslöffel Olivenöl, 4 Esslöffel Bouillon und 1 Esslöffel Zitronensaft zum Garen verwenden.

Zucchetti im Hemd

Für dieses Gericht werden möglichst grosse Zucchettischeiben in einer Panade aus Paniermehl, Käse und Kräutern gewälzt und in einer Mischung aus Olivenöl und Butter gebraten. Kleine und mittlere Früchte schneidet man am besten der Länge nach in Scheiben. Wer dieses vegetarische Gericht bereichern möchte, serviert eine Tomatensauce sowie nach Belieben einen Safranrisotto dazu. Die Zucchetti sind aber auch – in kleinerer Portion zubereitet – eine raffinierte Beilage zu vielen Fleischgerichten.

4 grosse Zucchetti
Salz, schwarzer Pfeffer aus der Mühle
1 Bund Petersilie
½ Bund Oregano
80 g grobes, hausgemachtes Paniermehl
(aus Weissbrot- oder Toastbrotresten)
100 g frisch geriebener Sbrinz oder Parmesan
2 Eier
4 Esslöffel Milch
4–5 Esslöffel Olivenöl
ca. 25 g Butter

1 Die Zucchetti schräg in etwa ½ cm dicke Scheiben schneiden. Auf der Arbeitsfläche auslegen, mit Salz und Pfeffer würzen.
2 Petersilie und Oregano fein hacken. Mit dem Paniermehl und dem Käse in einem grossen Suppenteller mischen. In einem zweiten Teller die Eier mit der Milch verquirlen.
3 Die Zucchettischeiben zuerst im Ei, dann in der Panade wenden.
4 Die panierten Zucchetti portionenweise in einer grossen beschichteten Bratpfanne in einer Mischung von Olivenöl und Butter bei mittlerer Hitze beidseitig während insgesamt 6–8 Minuten goldbraun braten. In einer feuerfesten Form im 180 Grad heissen Backofen warm halten, bis alle Zucchetti gebraten sind. Dann sofort und möglichst heiss servieren

Für den Kleinhaushalt 2 Personen: Zutatenmengen halbieren. 1 Person: Zutatenmengen vierteln, jedoch zum Panieren 1 Ei und 2 Esslöffel Milch verwenden.

Peperoni mit Joghurtsauce

Peperoni (Paprika) gibt es mittlerweile nicht nur in Grün, Gelb und Rot, sondern auch in Orange, Weiss und sogar Schwarz! Welche Farbe man auch wählt, auf diese Art zubereitet schmecken sie immer gut, und zwar sowohl warm wie ausgekühlt. Als Beilage passen Pariser- oder Fladenbrot oder mit Rosmarin in Olivenöl gebratene Kartoffeln in der Schale. Anstelle von saurem Halbrahm kann man auch nur Joghurt verwenden; in diesem Fall gibt man 1–2 Essöffel Crème fraîche bei, um die Sauce im Geschmack abzurunden.

6 grosse Peperoni (Paprika)
Salz, schwarzer Pfeffer aus der Mühle
1 Limone oder Zitrone
4 Knoblauchzehen
2 Zweige Rosmarin
100 ml Olivenöl

Joghurtsauce:
½ Salatgurke (ca. 250 g)
1 kleiner Bund glattblättrige Petersilie
1 Becher Joghurt nature (180 g)
1 Becher saurer Halbrahm (180 g)
Salz, Pfeffer aus der Mühle

1 Die Peperoni halbieren und entkernen. In eine grosse feuerfeste Form legen. Leicht salzen und pfeffern.
2 Die Limone oder Zitrone wie einen Apfel mitsamt der weissen Haut schälen. Die Frucht in sehr dünne Scheiben schneiden.
3 Den Knoblauch schälen und in feine Scheibchen schneiden. Die Rosmarinnadeln von den Zweigen zupfen.
4 In jede Peperonihälfte etwas Knoblauchscheibchen und Rosmarinnadeln geben und je eine Limonen- oder Zitronenscheibe hineinlegen. Alles grosszügig mit dem Olivenöl beträufeln.
5 Die Peperoni im auf 200 Grad vorgeheizten Ofen auf der zweituntersten Rille 15–20 Minuten backen.
6 Inzwischen für die Sauce die Gurke nach Belieben schälen, der Länge nach halbieren und die Kerne mit einem Löffel herauskratzen. Die Gurke in kleine Würfelchen schneiden. Die Petersilie fein hacken.
7 Den Joghurt und den sauren Halbrahm mit Salz und Pfeffer verrühren. Die Gurke und die Petersilie beifügen. Die Sauce separat zu den warmen oder ausgekühlten Peperoni servieren.

Für den Kleinhaushalt 2 Personen: Zutatenmengen halbieren. Limone oder Zitrone ungeschält in 6 sehr dünne Scheiben schneiden, dann die Schale sorgfältig rundherum wegschneiden. 1 Person: Zutatenmengen vierteln. Limone oder Zitrone ungeschält in 3 sehr dünne Scheiben schneiden, dann die Schale sorgfältig rundherum wegschneiden.

Gebratene Spargeln auf Salat

Normalerweise kommen Spargeln in Salzwasser gekocht oder gedämpft auf den Tisch. Eine Entdeckung wert sind diese in Olivenöl gebratenen Spargeln. Ich serviere sie meist auf einem Salat, vorzugsweise mit frischen Kräutern verfeinert, aber sie schmecken auch in Begleitung eines Weissweinrisottos oder mit pochierten oder wachsweich gekochten Eiern.

24 weisse oder grüne Spargeln
3–4 Esslöffel Olivenöl

Salat:
ca. 300 g gemischter Salat (z. B. Frisée, Rucola, Kresse, junger Spinat, eine Hand voll Kräuter wie Kerbel, glattblättrige Petersilie, Schnittlauch, Dill)
2 Esslöffel Balsamicoessig
1 Teelöffel Senf
Salz, Pfeffer
4–5 Esslöffel Olivenöl

1 Die Spargeln grosszügig schälen und die Enden wegschneiden; bei grünen Spargeln genügt es, das untere Ende um etwa ein Drittel zu kürzen und leicht zu schälen. Die Spargelstangen in 3–4 cm lange Stücke schneiden.
2 In einer Bratpfanne das Olivenöl erhitzen. Die Spargeln bei mittlerer Hitze golden und knackig braten; je nach Sorte und Dicke dauert dies 4–8 Minuten.
3 Inzwischen den Salat kurz waschen und gut abtropfen lassen. Balsamicoessig, Senf, Salz, Pfeffer und Olivenöl zu einer Sauce rühren. Unmittelbar vor dem Servieren mit dem Salat mischen. Die Spargeln darauf anrichten.

Für den Kleinhaushalt 2 Personen: Zutatenmengen halbieren. 1 Person: Zutatenmengen vierteln.

Tomaten-Feuilletés

Eine etwas andere Pizza: Blätterteigkissen werden belegt mit Tomaten, Frischkäse und Basilikumblättern – ein knuspriger und zugleich saftiger Genuss! Die Wahl des Frischkäses erlaubt vielfältige Variationen: Kleine Tessiner Formaggini oder frische Geisskäslein, Frischkäse mit Pfeffer oder Kräutern, aber auch grob zerkrümelter Feta oder Mozzarella eignen sich. Als Beilage serviert man Blattsalat.

1 Rolle rechteckig ausgewallter Blätterteig
2 grosse Tomaten
Salz, schwarzer Pfeffer aus der Mühle
16 Basilikumblätter
4 Esslöffel Olivenöl
4 kleine Frischkäse
(oder 2 Mozzarella oder ca. 200 g Feta)

1 Den Blätterteig in 8 gleich grosse Stücke schneiden. Auf ein mit Backpapier belegtes Blech legen.
2 Die Tomaten in insgesamt 8 dicke Scheiben schneiden, mit Salz und Pfeffer würzen. In die Mitte der Blätterteigstücke setzen.
3 Jeweils ein Basilikumblatt durch das Olivenöl ziehen und auf die Tomaten legen. Die Frischkäse waagrecht halbieren und darauf setzen (je nach Konsistenz des Käses eventuell grob zerkrümelt über die Tomaten geben). Wiederum je ein durch Öl gezogenes Basilikumblatt darauf legen. Die Feuilletés mit dem restlichen Olivenöl beträufeln.
4 Die Tomaten-Feuilletés im auf 200 Grad vorgeheizten Ofen auf der zweituntersten Rille 12–15 Minuten backen. Heiss oder lauwarm servieren.

Für den Kleinhaushalt 2 Personen: Zutatenmengen halbieren. 1 Person: Zutatenmengen vierteln.

Gebratene Spargeln auf Salat

Tomaten-Feuilletés

Gratinierte Zucchettifächer

Da Zucchetti stark wasserhaltig sind, eignen sie sich gut zum Backen im eigenen Saft. Für dieses Rezept werden sie fächerartig aufgeschnitten und ganz einfach mit gehackten Weissbrotkrumen, etwas Parmesan, Basilikum und reichlich Olivenöl kurz überbacken. Dazu passt ein Safranrisotto oder auch nur ein Blattsalat, vielleicht mit Tomaten und Ei bereichert.

8 mittlere Zucchetti
Salz, schwarzer Pfeffer aus der Mühle
4 Toastbrotscheiben
4 Esslöffel frisch geriebener Parmesan
1/2 Bund Basilikum
100 ml Olivenöl

1 Die Zucchetti waschen und der Länge nach fächerartig sechs- bis siebenmal ein-, aber nicht durchschneiden. Die Früchte in eine grosse Gratinform legen und auseinander drücken. Mit Salz und Pfeffer würzen.
2 Die Toastbrotscheiben fein hacken. Mit dem Parmesan mischen. Die Basilikumblätter in feinste Streifchen schneiden und beifügen. Alles über die Zucchetti streuen und diese sehr grosszügig mit Olivenöl beträufeln.
3 Die Zucchetti im auf 200 Grad vorgeheizten Ofen auf der zweituntersten Rille etwa 20 Minuten backen.

Für den Kleinhaushalt 2 Personen: Zutatenmengen halbieren. 1 Person: Zutatenmengen vierteln.

Eier-Tomaten

Tomaten sind ideal zum Füllen. Es muss nicht unbedingt Hackfleisch sein, genauso gut und überraschend schmecken Eier, die man in die ausgehöhlten Tomaten gibt. Verfeinert wird das Ganze mit einer leichten Käse-Rahm-Creme, kräftig gewürzt mit frischem Basilikum. Als Beilage zu diesen gebackenen Tomaten schmecken Reis, Hirse, Couscous oder frisches Brot.

8 grosse Tomaten
Salz, schwarzer Pfeffer aus der Mühle
1 Bund Basilikum
150 g frisch geriebener Sbrinz oder Parmesan
4–6 Esslöffel Rahm
8 Eier
einige Butterflöckchen

1 Von den Tomaten einen Deckel wegschneiden. Das Innere der Tomaten samt den Kernen sorgfältig auslösen. Die Höhlung mit Salz und Pfeffer ausstreuen. Die Tomaten mit der Öffnung nach unten auf Küchenpapier gut abtropfen lassen.
2 Inzwischen die Basilikumblätter sehr fein schneiden. Etwa drei Viertel davon mit 100 g Käse und dem Rahm mischen. In die Tomaten füllen. Die Eier aufschlagen und hineingleiten lassen. Mit dem restlichen Käse und dem Basilikum bestreuen und mit Butterflocken belegen.
3 Die Tomaten auf der zweituntersten Rille des auf 200 Grad vorgeheizten Ofens so lange garen, bis die Eier knapp gestockt sind (15–18 Minuten).

Für den Kleinhaushalt 2 Personen: Zutatenmengen halbieren. 1 Person: Zutatenmengen vierteln.

Gratinierte Zucchettifächer

Eier-Tomaten

Zucchetti-Spaghetti mit wachsweichem Ei

Zucchetti sind längst zu einem Ganzjahresgemüse geworden, denn während der Wintermonate reifen sie auch problemlos unter Glas. Im Freiland werden sie bei uns von Mitte Juni bis Ende Oktober geerntet. Auch in Sachen Farbe haben sich die Kürbisverwandten gemausert: Inzwischen gibt es sie auch immer häufiger als gelbe Sorte. Beim Einkauf unbedingt auf glatte, pralle Früchte achten; weiche Zucchetti schmecken nicht mehr optimal.
Bereitet man das folgende Zucchettigericht im Sommer zu, gibt man gegen Schluss 1–2 entkernte, klein gewürfelte Tomaten bei. Als Beilage passen Bratkartoffeln.

Je 2 grosse grüne und gelbe Zucchetti
2 Knoblauchzehen
1/2 Bund Petersilie
1/2 Bund Thymian
1/2 Zitrone
4 Eier
1 Esslöffel Butter
2 Esslöffel Olivenöl
Salz, schwarzer Pfeffer aus der Mühle
1 Prise milder Curry

1 Den Stielansatz der Zucchetti entfernen und die Früchte der Länge nach in 3 mm dicke Scheiben und diese in lange Streifen schneiden.
2 Den Knoblauch schälen und fein hacken. Die Petersilie ebenfalls hacken. Die Thymianblättchen von den Zweigen zupfen. Die Zitronenschale dünn abreiben.
3 Die Eier mit kaltem Wasser bedeckt aufkochen und ab dem Siedepunkt 5 Minuten wachsweich kochen. Kurz kalt abschrecken und schälen.
4 Während die Eier kochen, in einer beschichteten Bratpfanne Butter und Olivenöl erhitzen. Die Zucchettistreifen hineingeben, mit Salz und Pfeffer würzen und den Knoblauch dazugeben. Alles unter häufigem Wenden 3 Minuten braten. Dann Petersilie, Thymian, Zitronenschale und Curry darüber streuen und nochmals 2–3 Minuten dünsten.
5 Die Zucchettistreifen nestförmig auf vorgewärmten Tellern oder auf einer Platte anrichten. Die Eier längs halbieren und auf die Zucchetti setzen. Leicht salzen und pfeffern. Sofort servieren.

Für den Kleinhaushalt 2 Personen: Zutatenmengen halbieren. 1 Person: Zutatenmengen vierteln, jedoch zum Braten 1 Esslöffel Olivenöl und 1 Teelöffel Butter verwenden.

Zucchetti-Spaghetti mit wachsweichem Ei

Chicorée mit Speck und Parmesanspänen

Maiskolben mit Currybutter

Chicorée mit Speck und Parmesanspänen

Chicorée, auch Brüsseler Endivie genannt, schmeckt nicht nur als Salat, sondern auch als Gemüse ausgezeichnet. Er ist zudem ein praktischer Vorrat, denn in einem Folienbeutel bleibt er im Kühlschrank gut eine Woche frisch. Früher schmeckte Chicorée oft ausgeprägt bitter. Bei den neueren Sorten sind die Bitterstoffe meist weggezüchtet. Als Beilage zu diesem unkomplizierten Gemüsegericht serviert man Pariserbrot oder Salzkartoffeln.

8 mittlere Zapfen Chicorée
Saft von 1 Zitrone
Salz
80 g Parmesan am Stück
150 g magerer Bratspeck
60 g Butter

1 Den Chicorée waschen, wenn nötig unansehnliche äussere Blätter entfernen und den Strunk sorgfältig herausschneiden, so dass die Zapfen aber noch zusammenhalten.
2 In einer weiten Kasserolle gut 2 Liter Wasser mit dem Zitronensaft und Salz aufkochen. Den Chicorée hineingeben und 12–15 Minuten weich garen.
3 Inzwischen mit einem Sparschäler den Parmesan in Späne schneiden.
4 Den Bratspeck in Streifchen schneiden. In einer Bratpfanne im eigenen Fett langsam knusprig braten.
5 Den Chicorée mit einer Schaumkelle sorgfältig herausheben, gut abtropfen lassen und auf einer vorgewärmten Platte anrichten.
6 Die Butter zum Bratspeck geben und einmal aufschäumen lassen. Über den Chicorée verteilen und mit dem Parmesan bestreuen. Sofort servieren.

Für den Kleinhaushalt 2 Personen: Zutatenmengen halbieren. 1 Person: Zutatenmengen halbieren, jedoch 1 Liter Salzwasser und Saft von 1/2 Zitrone zum Garen des Chicorées verwenden.

Maiskolben mit Currybutter

Zuckermais ist vermutlich eine Mutation von Futtermais. Er wird früher reif als dieser und entwickelt kleinere Kolben mit zarten, ausgesprochen süssen Körnern. Am besten schmeckt Zuckermais, wenn er möglichst frisch nach der Ernte zubereitet wird, denn nach dem Pflücken wandelt sich der in ihm enthaltene Zucker schnell in Stärke um. Die ausgehülsten Kolben werden in reichlich Wasser mit etwas Zucker, nie aber mit Salz gekocht! Salz macht die Körner hart. Die Kochzeit ist meist kürzer, als man denken würde: Optimal reife und ganz frische Kolben brauchen nur gerade 8–10 Minuten. Zum Essen bestreicht man sie mit gesalzener oder gewürzter Butter, die es übrigens auch fertig zu kaufen gibt. Die rezeptierte Currybutter passt auch gut zu kurz gebratenem oder grilliertem Rind-, Lamm- und Schweinefleisch. Sie kann tiefgekühlt werden und hält sich so etwa 6–8 Wochen.

200 g weiche Butter
je 1 Esslöffel scharfer und milder Curry
knapp 1/2 Teelöffel Salz
2 Bund Schnittlauch
8 Maiskolben
1 Esslöffel Zucker

1 50 g Butter in einem kleinen Pfännchen schmelzen. Den Curry beifügen und darin unter Rühren 1 Minute dünsten, damit er sein volles Aroma entfalten kann. In eine Schüssel zur restlichen Butter geben. Kurz kühl stellen. Die Butter soll nicht mehr flüssig, sondern gerade schön weich sein.
2 Das Salz beifügen und die Butter mit dem Handrührgerät oder mit einer Kelle luftig aufschlagen. Den Schnittlauch mit einer Schere dazuschneiden. Die Butter auf Klarsicht- oder Alufolie geben und zu einer Rolle formen. Bis zur Verwendung wieder kühl stellen.
3 Inzwischen die Maiskolben von der Blätterhülle und den Fäden befreien. In ungesalzenem, leicht gezuckertem Wasser aufkochen, dann zugedeckt nur gerade 8–10 Minuten garen.

Für den Kleinhaushalt 2 Personen: Zutatenmengen halbieren. 1 Person: Zutatenmengen vierteln.

Schnell gebraten

Feines aus der Fleisch- und Fischküche

Kalbsgeschnetzeltes mit Oliven und Salbei

Fleisch, das vom Metzger von Hand geschnitten wurde, ist in der Regel saftiger und zarter als solches, das mit der Maschine geschnetzelt wurde. Anstelle von Kalbfleisch lässt sich für dieses Gericht auch Poulet (Huhn) oder Lammfilet – die kleinen, nur gerade daumendicken Stücke, nicht das Rückenfilet –, verwenden.

1 Tomate
1 kleine Zwiebel
4 Esslöffel Olivenöl
6 Salbeiblätter
1 Lorbeerblatt
600 g geschnetzeltes Kalbfleisch
Salz, schwarzer Pfeffer aus der Mühle
1 Esslöffel Butter
80 g grüne Oliven mit Paprika gefüllt
6 Esslöffel roter Portwein oder Madeira
150 ml Weisswein
1 Teelöffel Fleischextrakt (eingekochter, ungesalzener Fleischsaft in zähflüssiger Pastenform)

1 Den Backofen auf 80 Grad vorheizen. Eine Platte mitwärmen.
2 Die Tomate kurz in kochendes Wasser tauchen, schälen und würfeln. Die Zwiebel schälen und fein hacken.
3 In einer Bratpfanne das Olivenöl erhitzen. Salbei- und Lorbeerblätter darin nicht zu heiss dünsten. Dann die Hitze erhöhen. Das Fleisch mit Salz und Pfeffer würzen und in 3 Portionen darin kräftig braten; das Geschnetzelte soll innen noch rosa sein. Jede Portion nach dem Herausnehmen sofort auf der vorgewärmten Platte in den Ofen geben. Das Geschnetzelte im 80 Grad heissen Ofen kurz nachgaren lassen.
4 Die Butter zum Bratensatz geben und die Zwiebel darin andünsten. Mit dem Portwein oder Madeira und dem Weisswein ablöschen. Die Tomatenwürfel und den Fleischextrakt beifügen, alles bei grosser Hitze zur Hälfte einkochen lassen. Zuletzt die Oliven beifügen und nur noch gut heiss werden lassen. Die Sauce mit Salz und Pfeffer abschmecken. Über das Geschnetzelte verteilen und sofort servieren.
Als Beilage passen Bratkartoffeln oder ein einfacher Weissweinrisotto.

Für den Kleinhaushalt 2 Personen: Zutatenmengen halbieren, jedoch 1 kleine Tomate sowie 4 Esslöffel Portwein oder Madeira und 100 ml Weisswein verwenden. 1 Person: Zutatenmengen vierteln, anstelle der Tomate 1 Teelöffel Tomatenpüree sowie 4 Esslöffel roter Portwein und 6 Esslöffel Weisswein verwenden.

Kalbsgeschnetzeltes mit Oliven und Salbei

Kalbsröllchen an Dillsauce

Die Füllung dieser Kalbfleischrouladen enthält neben Brät grünen Pfeffer. Unbedingt Pfeffer verwenden, der in Lake eingelegt ist; gefriergetrockneter grüner Pfeffer bleibt auch nach längerem Einweichen hart. Empfehlenswert ist ferner, die Kalbsplätzchen vom Metzger mit der Aufschnittmaschine schneiden zu lassen, damit sie wirklich sehr dünn sind. Findet man keinen frischen Dill, verwendet man das getrocknete Kraut in der Hälfte der rezeptierten Menge.

2 gestrichene Esslöffel grüner Pfeffer
200 g Kalbsbrät
2 Esslöffel Crème fraîche oder Mascarpone
1 Teelöffel frischer, fein gezupfter Dill
8 grosse, sehr dünn geschnittene Kalbsplätzchen
Salz, schwarzer Pfeffer
1 Prise edelsüsser Paprika
8 Scheiben Bratspeck
1 Esslöffel Bratbutter
6 Esslöffel Noilly Prat (trockener Wermut)
100 ml Weisswein
150 ml Crème fraîche oder Vollrahm
1 Teelöffel frischer, fein gezupfter Dill

1 Den Backofen auf 80 Grad vorheizen und eine Platte mitwärmen.

2 Den Pfeffer in ein kleines Teesieb geben und unter warmem Wasser kurz spülen. Dann mit einer Gabel gut zerdrücken. Mit dem Brät, der Crème fraîche oder dem Mascarpone sowie dem Dill gut mischen.

3 Die Kalbsplätzchen auslegen und beidseitig mit einer Gewürzmischung aus Salz, Pfeffer und Paprika bestreuen. Je etwas Brätfüllung auf die Längsseite der Plätzchen geben, diese aufrollen und mit einer Scheibe Bratspeck umwickeln.

4 In einer beschichteten Bratpfanne die Bratbutter erhitzen. Die Kalbsröllchen darin je nach Grösse rundherum 5–7 Minuten braten. Herausnehmen, auf die vorgewärmte Platte geben und im 80 Grad heissen Ofen kurz nachziehen lassen.

5 Den Bratensatz mit dem Noilly Prat und dem Weisswein auflösen und bei grosser Hitze gut zur Hälfte einkochen lassen. Die Crème fraîche mit etwas heisser Sauce verrühren und beifügen. Nochmals so lange reduzieren, bis die Sauce leicht cremig bindet. Am Schluss den Dill unterrühren und die Sauce mit Salz und Pfeffer abschmecken. Über die Kalbsröllchen verteilen und diese sofort servieren.

Als Beilage passen schmale Nudeln, kleine, in Butter gebratene Kartoffeln oder ein Zucchettigemüse.

Für den Kleinhaushalt 2 Personen: Zutatenmengen halbieren, jedoch für die Sauce 6 Esslöffel Noilly Prat, 6 Esslöffel Weisswein sowie 100 ml Crème fraîche oder Vollrahm verwenden. 1 Person: Zutatenmengen vierteln, jedoch für die Sauce 3 Esslöffel Noilly Prat, 6 Esslöffel Weisswein sowie 4 Esslöffel Crème fraîche oder Vollrahm verwenden.

Kalbsröllchen an Dillsauce

Kalbspaillard

Die französische Variante des Kalbsschnitzels nennt sich Paillard. Dazu werden möglichst grosse Plätzchen gewählt (zum Beispiel von der Huft oder Nuss), die vom Metzger so dünn wie möglich geschnitten und anschliessend leicht geklopft werden. Klassisch ist das Braten der Paillards in der Grillpfanne, aber es gelingt natürlich auch in einer ganz normalen Bratpfanne. Ebenfalls traditionell ist, dass man dazu Zitronenschnitze serviert.

1 Esslöffel Zitronensaft
etwas frisch geriebene Muskatnuss
½ Teelöffel Korianderpulver
einige Umdrehungen schwarzer Pfeffer aus der Mühle
4–6 Esslöffel kaltgepresstes Olivenöl
4–8 grosse, dünn geschnittene Kalbsplätzchen, je nach Grösse
Salz
1–2 Esslöffel Olivenöl
6 Esslöffel Weisswein

1 Den Zitronensaft mit Muskat, Koriander und Pfeffer verrühren, dann das Öl darunter mischen. Die Kalbsplätzchen in dieser Marinade 10 Minuten ziehen lassen.
2 Die Marinade mit einem Messer vom Fleisch streichen und beiseite stellen. Die Plätzchen leicht salzen. In einer Bratpfanne im sehr heissen Öl je nach Grösse der Fleischstücke eventuell in 2 Portionen braten: auf der ersten Seite 1½ Minuten, auf der zweiten Seite nur noch 45 Sekunden. Auf einer vorgewärmten Platte anrichten.
3 Die Marinade mit dem Weisswein zum Bratensatz giessen, kräftig aufkochen und über das Fleisch träufeln. Sofort servieren.
Als Beilage passen Blattspinat und Petersilienkartoffeln.

Für den Kleinhaushalt 2 Personen: Zutatenmengen halbieren. 1 Person: Zutatenmengen vierteln, jedoch für die Marinade die 2-Personen-Menge und zum Braten 3 Esslöffel Wein verwenden.

Pouletbrüstchen an Basilikum-Zitronen-Sauce

Die Sauce dieses sommerlich-erfrischenden Fleischgerichts passt auch sehr gut zu Truthahnschnitzel oder Kalbsplätzchen.

2 Zitronen
4 Pouletbrüstchen
Salz, schwarzer Pfeffer aus der Mühle
16 Basilikumblätter
1 Esslöffel Bratbutter
100 ml Weisswein
½ Hühnerbouillonwürfel
200 ml Rahm
½ Bund Basilikum

1 Die Zitronen mit einem scharfen Messer wie einen Apfel mitsamt der weissen Haut schälen, so dass das Fruchtfleisch frei liegt. Dabei über einer Schüssel arbeiten, um austretenden Saft aufzufangen. Die Schnitze aus den Trennhäuten schneiden.
2 Den Backofen auf 80 Grad vorheizen und eine Platte mitwärmen.
3 Die Pouletbrüstchen waagrecht halbieren. Jedes Schnitzel mit Salz und Pfeffer würzen und mit je 2 Basilikumblättern belegen. Gut andrücken. In zwei Portionen in einer Bratpfanne in der heissen Bratbutter beidseitig während insgesamt 5 Minuten braten. Jede Portion sofort auf die vorgewärmte Platte geben und im 80 Grad heissen Ofen nachziehen lassen.
4 Den aufgefangenen Zitronensaft und den Weisswein zum Bratensatz geben und auf 4 Esslöffel Flüssigkeit einkochen. Bouillonwürfel und Rahm beifügen, die Sauce nochmals reduzieren, bis sie cremig bindet. Mit Salz und Pfeffer abschmecken.
5 Inzwischen das Basilikum fein schneiden. Am Schluss mit den Zitronenfilets in die Sauce geben und über die Pouletbrüstchen verteilen.
Als Beilage passen Teigwaren oder Trockenreis.

Für den Kleinhaushalt 2 Personen: Zutatenmengen halbieren, jedoch 100 ml Wein verwenden. 1 Person: Zutatenmengen vierteln, jedoch 50 ml Wein verwenden.

Kalbspaillard

Pouletbrüstchen an Basilikum-Zitronen-Sauce

Thailändisches Hühnercurry

Thailändisches Hühnercurry

Anders als bei vielen Currys sind die Zutaten für dieses leichte Gericht im Handumdrehen vorbereitet – bleibt nur noch das Garen, das quasi von allein geschieht. Im Gegensatz zur indischen Küche, wo vorwiegend Currypulver zur Anwendung kommt, werden in Thailand zum Würzen üblicherweise aus frischen Kräutern hergestellte Currypasten gewählt. An Schärfe nicht zu übertreffen ist dabei die grüne Currypaste, aus Korianderblättern und grünen Chilis hergestellt. Etwas weniger scharf ist die besonders beliebte rote Paste aus roten Chilis. Currypasten sind bei kühler Lagerung 2–3 Monate haltbar.

500 g Pouletbrüstchen (Hühnerbrüstchen)
ca. 2 cm frische Ingwerwurzel
400 ml Kokosmilch (aus der Dose)
3–4 Esslöffel rote Currypaste
4 Esslöffel Sherry
1 Esslöffel helle Sojasauce
1 Teelöffel Limonen- oder Zitronensaft
ca. 1/3 Teelöffel Salz
1 rote Peperoni (Paprika)
2 Frühlingszwiebeln
1 Esslöffel Öl
einige Zweiglein frischer Koriander

1 Die Pouletbrüstchen in gut 2 cm grosse Würfel schneiden.

2 Den Ingwer schälen und fein hacken. Mit der Kokosmilch, der Currypaste, dem Sherry, der Sojasauce, dem Limonen- oder Zitronensaft sowie dem Salz in eine Pfanne geben und aufkochen.

3 Die Hühnerwürfel beifügen. Noch einmal vors Kochen bringen, dann die Pfanne zugedeckt vom Herd nehmen und das Fleisch 15 Minuten in der heissen Flüssigkeit ziehen lassen.

4 Inzwischen die Peperoni halbieren, entkernen und in Würfelchen schneiden. Die Frühlingszwiebel mitsamt schönem Grün in Ringe schneiden. Beides im heissen Öl unter Wenden 3 Minuten braten. Zum Curry geben.

5 Vor dem Servieren den Curry nochmals kurz vors Kochen bringen. Mit abgezupften Korianderblättchen bestreuen und sofort servieren.

Als Beilage passt Basmati- oder Parfümreis.

Für den Kleinhaushalt 2 Personen: Zutatenmengen halbieren. 1 Person: Zutatenmengen vierteln, dabei 1/2 Esslöffel Sojasauce, einige Tropfen Limonen- oder Zitronensaft sowie 1 kleine Frühlingszwiebel verwenden.

Gebratenes Huhn mit Auberginen

Für dieses Gericht habe ich Miniauberginen aus dem Asien-Shop verwendet. Ebenso gut eignen sich jedoch auch ganz normale Auberginen, die man in Würfel schneidet. Anstelle von Auberginen schmecken auch Zucchetti oder Karotten sehr gut.

400 g Auberginen, eventuell Miniauberginen
Saft von 1 Zitrone
Salz
4 Pouletbrüstchen (Hühnerbrüstchen)
4 Esslöffel Sherry
2 gestrichene Teelöffel Speisestärke
2 Frühlingszwiebeln oder 1 Stück Lauch und 1 mittlere Zwiebel

Sauce:
1 kleine rote Chilischote
3 Knoblauchzehen
ca. 2 cm frische Ingwerwurzel
1 Esslöffel Öl
4 Esslöffel Sojasauce
¼ Teelöffel Zucker
150 ml Bouillon

Öl zum Braten
nach Belieben einige Tropfen Sesamöl

1 Den Stielansatz der Auberginen entfernen und die Früchte in Würfel schneiden. Miniauberginen der Länge nach halbieren. Die Auberginen mit dem Zitronensaft beträufeln und leicht salzen.
2 Die Pouletbrüstchen in Würfel schneiden. Sherry und Speisestärke verrühren und mit dem Fleisch mischen.
3 Für die Sauce die Chilischote der Länge nach halbieren, entkernen und in feine Streifchen schneiden. Knoblauch und Ingwer schälen und sehr fein hacken. Alles in einer kleinen Pfanne im heissen Öl andünsten. Sojasauce, Zucker und Bouillon beifügen. Beiseite stellen.
4 In einer grossen Bratpfanne oder im Wok 3–4 Esslöffel Öl erhitzen. Die Auberginen mit Küchenpapier trockentupfen und unter Wenden 3–4 Minuten braten. Herausnehmen.
5 Etwas Öl nachgeben und stark erhitzen. Die Pouletwürfel aus der Marinade heben, gut abtropfen lassen und unter Wenden kurz braten. Die Frühlingszwiebeln beifügen und 1 Minute mitbraten. Die Auberginen wieder dazugeben, die vorbereitete Sauce und die Marinade von den Pouletbrüstchen dazugiessen. Alles noch einmal kräftig aufkochen. Auf eine vorgewärmte Platte geben. Nach Belieben mit etwas Sesamöl beträufeln.

Für den Kleinhaushalt 2 Personen: Zutatenmengen halbieren. 1 Person: Zutatenmengen vierteln, für die Sauce jedoch ein Drittel der Mengen verwenden, da die Flüssigkeit in kleiner Portion schneller einkocht.

Pouletschenkel im Kräuterhemd

Marinierte Lammkoteletts mit Basilikumbutter

Pouletschenkel im Kräuterhemd

Wer die schmackhaften Pouletschenkel mag, wird diese Zubereitungsart heiss lieben: Sie ist einfach, schnell – und das Resultat lässt sich sehen beziehungsweise mundet ausgezeichnet.

2 Zweige Rosmarin
1 Bund Thymian
4 Esslöffel Olivenöl
1 Teelöffel Senf
schwarzer Pfeffer aus der Mühle
2 Knoblauchzehen
2 Esslöffel Olivenöl
4 Pouletschenkel (Hühnerschenkel)
Salz
200 ml Weisswein

1 Den Backofen auf 200 Grad vorheizen.
2 Die Rosmarinnadeln von den Zweigen zupfen und hacken. Die Thymianblättchen abstreifen. Mit Olivenöl, Senf und etwas frisch gemahlenem Pfeffer verrühren. Den Knoblauch schälen und dazupressen.
3 In einer Bratpfanne die zweite Portion Olivenöl erhitzen. Die Pouletschenkel salzen und von jeder Seite 2 Minuten kräftig anbraten. In eine feuerfeste Form legen und mit der vorbereiteten Marinade bestreichen. Sofort in den auf 200 Grad vorgeheizten Ofen geben und 20 Minuten braten.
4 Den Bratensatz mit dem Weisswein auflösen und zur Hälfte einkochen lassen. Sofort zu den Pouletschenkeln im Ofen geben – nicht darüber, sondern darum herumgiessen – und diese fertig braten.
Als Beilage passen Bratkartoffeln oder ein Tomatenrisotto.

Für den Kleinhaushalt 2 Personen: Zutatenmengen halbieren, jedoch zum Ablöschen 150 ml Weisswein verwenden. 1 Person: Zutatenmengen vierteln. Die Pouletschenkel nach Belieben in der Bratpfanne zubereiten (Bratzeit etwa 15 Minuten), dabei regelmässig mit Marinade bestreichen. Den Bratensatz am Schluss mit 100 ml Weisswein auflösen und zur Hälfte einkochen lassen.

Marinierte Lammkoteletts mit Basilikumbutter

Die Buttermischung kann sehr gut auf Vorrat zubereitet werden. Im Kühlschrank hält sie sich 2–3 Wochen frisch, im Tiefkühler sogar 3–4 Monate. Ebenso würzige Variationen: Anstelle von Basilikum frische Thymianblättchen oder fein gehackte Rosmarinnadeln verwenden. In diesem Fall lässt man jedoch die Pinienkerne weg und gibt dafür etwas Senf zur Buttermischung.

2 Knoblauchzehen
100 ml kaltgepresstes Olivenöl
12–16 Lammkoteletts, je nach Grösse

Basilikumbutter:
100 g weiche Butter
1 Bund Basilikum
2 Esslöffel Pinienkerne
Salz, schwarzer Pfeffer aus der Mühle

1 Den Knoblauch schälen und in feine Scheibchen schneiden. Mit dem Öl mischen. Die Lammkoteletts in diese Marinade geben und darauf achten, dass auf jedes Fleischstück mindestens 1 Scheibchen Knoblauch zu liegen kommt. Etwa 10 Minuten ziehen lassen.
2 Inzwischen die weiche Butter so lange rühren, bis sich kleine Spitzchen bilden. Das Basilikum fein, die Pinienkerne grob hacken. Beides kräftig unter die Butter schlagen, mit Salz und Pfeffer würzen. Auf Alufolie zu einer Rolle formen und bis zur Verwendung kühl stellen.
3 Eine Bratpfanne leer erhitzen. Die gut abgetropften Lammkoteletts mit Salz und Pfeffer würzen. Ohne weitere Fettzugabe in der heissen Pfanne je nach Dicke der Koteletts auf jeder Seite 2–3 Minuten braten. Anrichten und mit je einem Stück Basilikumbutter belegen. Sofort servieren.

Für den Kleinhaushalt 2 Personen: Zutatenmengen halbieren. 1 Person: Basilikumbutter in der halben Menge zubereiten, weniger lohnt sich nicht; sie ist ein idealer Vorrat. Lammkoteletts zum Marinieren mit je 2 Knoblauchscheibchen belegen und mit Olivenöl bestreichen.

Lammstreifen mit Erbsen, Kefen und Bohnen

Erbsen und Kefen gibt es das ganze Jahr hindurch in sehr guter Qualität tiefgekühlt zu kaufen; sie sind ein idealer Vorrat für die schnelle Küche. Die in diesem Rezept ausserdem verwendeten Bohnen – besonders köstlich sind Butterbohnen – sind eine sommerliche Variante und können durch etwas mehr Erbsen und Kefen ersetzt werden oder aber durch rote oder gelbe Peperoni (Paprika), die das ganze Jahr erhältlich sind. Wer Lamm nicht mag, kann Rindshuft oder Schweinsfilet verwenden.

200 g Bohnen
200 g tiefgekühlte Kefen
1 mittlere Zwiebel
2 Knoblauchzehen
6–8 Zweige Thymian
500 g Lammrückenfilet, Lammgigot ohne Knochen oder Lammhuft
Salz, schwarzer Pfeffer
2–3 Esslöffel Öl
150 g tiefgekühlte Erbsen
6 Esslöffel Bouillon
2–3 Esslöffel trockener Sherry oder Noilly Prat (trockener Wermut)

1 Die Bohnen rüsten, halbieren und in kochendem Wasser – ohne Salz! – 5 Minuten vorkochen. Abschütten und gut abtropfen lassen.

2 Inzwischen die noch gefrorenen oder angetauten Kefen schräg halbieren. Die Zwiebel und den Knoblauch schälen und fein hacken. Die Thymianblättchen von den Zweigen zupfen.

3 Das Fleisch in Streifen schneiden. Mit Salz und Pfeffer würzen. In zwei Portionen in einer Bratpfanne im sehr heissen Öl nur gerade 1½ Minuten kräftig braten. Herausnehmen.

4 Wenn nötig etwas Öl nachgeben. Die Zwiebel und den Knoblauch darin glasig dünsten. Dann die vorgekochten Bohnen, die Kefen, die Erbsen und den Thymian beifügen und alles unter häufigem Wenden 3–4 Minuten braten. Bouillon und Sherry beifügen und einmal kräftig aufkochen.

5 Nun die Lammstreifen wieder beifügen und nur noch gut heiss werden lassen. Wenn nötig nachwürzen und sofort servieren.

Als Beilage passen kleine Kartoffeln, die man in der Schale weich kocht und anschliessend mit gehackten Dörrtomaten und Zwiebeln anbrät, mit Weisswein beträufelt und so lange gart, bis die Flüssigkeit vollständig eingekocht ist.

Für den Kleinhaushalt 2 Personen: Zutatenmengen halbieren, jedoch zum Garen 4 Esslöffel Bouillon und 2 Esslöffel Sherry verwenden. 1 Person: Zutatenmengen vierteln, eventuell die Bohnen weglassen, dafür entsprechend mehr Kefen und Erbsen verwenden. Zum Garen 4 Esslöffel Bouillon und 1–2 Esslöffel Sherry nehmen.

Schweinsfilet mit lauwarmer Kräutersauce

Ein ganz einfaches Gericht, das auch lauwarm oder ausgekühlt sehr gut schmeckt. Wird das Fleisch im Voraus zubereitet, bei Zimmertemperatur aufbewahren, nie in den Kühlschrank geben, sonst verliert es sein feines Aroma.

Ca. 500 g Schweinsfilet
Salz, schwarzer Pfeffer aus der Mühle
2–3 Esslöffel Olivenöl
2 Esslöffel Balsamicoessig
3–4 Esslöffel Weisswein
400 g Tomaten
1/2 Bund Thymian
1/2 Bund Oregano
100 ml Olivenöl

1 Das Schweinsfilet mit Salz und Pfeffer würzen. In einer Bratpfanne im heissen Olivenöl rundherum 5 Minuten anbraten, dabei nach 2 Minuten die Hitze auf mittlere Stufe reduzieren.
2 Balsamicoessig und Weisswein mischen. Während des Weiterbratens alle 2–3 Minuten etwas von dieser Mischung über das Filet träufeln. Die Gesamtbratzeit beträgt rund 15 Minuten (Anbraten mitgerechnet). Dann das Filet in Alufolie wickeln und mindestens 10 Minuten ruhen lassen.
3 Während das Filet brät, die Tomaten quer halbieren, entkernen und klein würfeln. In eine Schüssel geben, mit Salz und Pfeffer würzen.
4 Die Thymianblättchen von den Zweigen zupfen, den Oregano grob hacken. Zu den Tomaten geben. Das Olivenöl beifügen und alles mischen. Mit Salz und Pfeffer abschmecken.
5 Zum Servieren das Schweinsfilet aus der Folie nehmen. Den entstandenen Saft zur Tomatenmischung geben. Diese in ein kleines Pfännchen giessen und einmal aufkochen lassen. Das Filet schräg in dünne Scheiben aufschneiden und auf einer Platte ziegelartig anrichten. Die Tomaten-Kräuter-Mischung darüber verteilen.
Als Beilage passt frisches Brot und nach Belieben Salat.

Für den Kleinhaushalt 2 Personen: Zutatenmengen halbieren; bei einem kleinen Filet verkürzt sich die Bratzeit auf etwa 12 Minuten. 1 Person: Zutatenmengen vierteln; die Bratzeit verkürzt sich je nach Grösse des Fleischstücks auf 6–8 Minuten.

Schweinskoteletts mit Rohschinken und Salbei

Klein, aber fein! Rohschinken und Salbei verleihen diesen Koteletts Würze. Begleitet werden sie von einer kräftigen Marsalasauce. Auf die gleiche Art kann man auch Kalbskoteletts oder ein Schweinsfilet (Bratzeit: rund 15 Minuten) zubereiten. Übrigens: Gesalzen werden muss das Fleisch nicht, da der Rohschinken genügend würzig ist.

4 Schweinskoteletts
schwarzer Pfeffer aus der Mühle
4 dünne, grosse Scheiben Rohschinken
8 Salbeiblätter
2–3 Esslöffel Olivenöl
100 ml Marsala
100 ml Rotwein
50 g Butter
einige Tropfen Zitronensaft
Salz

1 Die Schweinskoteletts um den unteren Teil des Knochens herum einschneiden und das Fett sowie das Fleisch so davon abschaben, dass eine Art Stiel am Kotelett entsteht (eventuell vom Metzger machen lassen). Sehr fette Stellen am Kotelettstück selbst ebenfalls wegschneiden. Die Koteletts beidseitig mit frisch gemahlenem Pfeffer würzen.

2 Die Rohschinkenscheiben auf der Arbeitsfläche auslegen. Je ein Salbeiblatt in die Mitte legen. Die Koteletts darauf geben und mit einem weiteren Salbeiblatt belegen. Den Schinken so um das Kotelett legen, dass das ganze Fleischstück eingewickelt ist.

3 In einer Bratpfanne das Olivenöl erhitzen. Die Koteletts zuerst bei kräftiger, dann bei mittlerer bis kleiner Hitze beidseitig je nach Dicke während insgesamt 10–12 Minuten braten. Herausnehmen und warm stellen.

4 Den Bratensatz mit dem Marsala und dem Rotwein ablöschen. Bei grosser Hitze gut zur Hälfte einkochen lassen. Dann die Butter in Flocken beifügen und in die Sauce einziehen lassen. Mit Zitronensaft, Salz und Pfeffer abschmecken.

5 Den entstandenen Bratensaft der Koteletts zur Sauce giessen. Die Koteletts auf vorgewärmten Teller anrichten und mit Sauce umgiessen. Sofort servieren.

Als Beilage passen Rosmarinkartoffeln: Die Kartoffeln in Stücke schneiden und in Olivenöl mit gehackter Petersilie und Rosmarinadeln braten; nach Belieben eine in dünne Ringe geschnittene Zwiebel beifügen.

Für den Kleinhaushalt 2 Personen: Zutatenmengen halbieren. 1 Person: Zutatenmengen vierteln, jedoch 4 Esslöffel Marsala und 4 Esslöffel Rotwein für die Zubereitung der Sauce verwenden; diese auf 3 Esslöffel einkochen lassen und mit 1 gehäuftem Teelöffel Butter verfeinern.

Lammstreifen mit Erbsen, Kefen und Bohnen

Schweinsfilet mit Kräutern

Schweinskoteletts mit Rohschinken und Salbei

Hackfleischbällchen

Es gibt viele Möglichkeiten, diese pikant gewürzten Fleischbällchen auf den Tisch zu bringen: Man kann sie einzeln braten oder steckt sie an Spiesse, richtet sie mit einer erfrischenden Kräutersauce auf der Basis von Joghurt an (siehe Rezept «Peperoni mit Joghurtsauce», Seite 67) und serviert sie mit viel Salat und frischem Brot, oder man kombiniert sie mit einer Tomatensauce zu Reis oder Nudeln. Eine weitere Variante: Statt Bällchen zu formen, macht man daraus kleine Hacksteaks, die man mit je einer Speckscheibe umwickelt und brät; zuletzt je ein Stück (fertig gekaufte) Kräuterbutter darauf geben und nur noch schmelzen lassen. Anstelle von Peperoncino kann man auch Cayennepfeffer oder einige Tropfen Tabasco als pikante Würze verwenden.

1 kleine Zucchetti
1 Peperoncino (italienische Pfefferschote)
1 Bund Petersilie
1 Zwiebel
1 Knoblauchzehe
1 Esslöffel Butter
600 g gehacktes Rindfleisch
2 Eigelb
50 g geriebener Greyerzer
Salz, Pfeffer, Paprika
2 Esslöffel Bratbutter

1 Die Zucchetti ungeschält sehr klein würfeln. Den Peperoncino der Länge nach halbieren, entkernen und ebenfalls klein würfeln. Die Petersilie hacken. Zwiebel und Knoblauch schälen und ebenfalls fein hacken. Alle diese Zutaten in einer Bratpfanne in der heissen Butter 3–4 Minuten dünsten. In eine Schüssel geben.
2 Das Hackfleisch, die Eigelbe und den Greyerzer beifügen. Die Masse pikant mit Salz, Pfeffer und Paprika würzen. Aus der Masse mit nassen Händen kleine Fleischbällchen formen.

3 In der Bratpfanne die Bratbutter erhitzen. Die Fleischbällchen darin rundherum je nach Grösse 5–8 Minuten braten.

Für den Kleinhaushalt 2 Personen: Zutatenmengen halbieren. 1 Person: In der 2-Portionen-Menge zubereiten und restliche Fleischbällchen am nächsten oder übernächsten Tag in einer Sauce aufwärmen.

Hackfleischbällchen

Geflügelleber mit Champignons

Geflügelleber, oft auch als Hühnerleber bezeichnet, ist frisch oder in guter Qualität auch tiefgekühlt erhältlich. Letztere muss vor der Verwendung angetaut, aber nicht unbedingt aufgetaut werden. Geflügelleber kann auch durch Kaninchenleber ersetzt werden, die allerdings seltener erhältlich ist, wohl nicht zuletzt deshalb, weil sie besonders fein schmeckt. Im Spätsommer und Herbst können die Champignons durch frische Steinpilze ersetzt werden. Diese schneidet man je nach Grösse in Scheiben oder Würfel, brät sie zunächst in der leer erhitzten Pfanne an und gibt erst anschliessend die Butter bei; auf diese Weise ziehen die Steinpilze weniger Saft.

300 g braune oder weisse Champignons
400–500 g Geflügelleber
1 Zwiebel
1 Bund Petersilie
40 g Butter
Salz, schwarzer Pfeffer aus der Mühle
100 ml Weisswein

1 Die Champignons kurz kalt abbrausen, rüsten und vierteln.
2 Die Geflügelleber mit Küchenpapier trockentupfen. Alle Äderchen und Sehnen wegschneiden und wenn nötig je nach Grösse in zwei bis drei Stücke schneiden.
3 Die Zwiebel schälen und fein hacken. Die Petersilie ebenfalls hacken.
4 Von der Butter 10 g in einer Bratpfanne erhitzen. Die Zwiebel darin glasig dünsten. Dann die Hitze höher stellen und die Champignons beifügen. Unter gelegentlichem Wenden darin anbraten; ziehen sie Saft, diesen vollständig einkochen lassen. Am Schluss mit Salz und Pfeffer würzen und aus der Pfanne nehmen.
5 Weitere 10 g Butter im Bratensatz erhitzen. Die Geflügelleber bei mittlerer Hitze darin rundherum anbraten. Am Schluss mit Salz und Pfeffer würzen und zu den Champignons geben.
6 Den Bratensatz mit dem Weisswein auflösen und zur Hälfte einkochen lassen. Die Petersilie und die restliche Butter beifügen, gut aufkochen. Die Sauce mit Salz und Pfeffer abschmecken. Dann die Champignons und die Leber wieder beifügen und nur noch gut heiss werden lassen.
Als Beilage passt Trockenreis oder ein Risotto.

Für den Kleinhaushalt 2 Personen: Zutatenmengen halbieren, jedoch zum Ablöschen des Bratensatzes 100 ml Weisswein beibehalten. 1 Person: Zutatenmengen vierteln, jedoch 15 g Butter – in drei Portionen à 5 g verwenden – sowie 4 Esslöffel Weisswein zum Ablöschen nehmen.

Schweinsbratwürste mit Äpfeln

Ob man gewöhnliche Bratwürste, Schweins-Cipollata, Bratwurstschnecken oder Bratwurst am Meter für dieses Gericht verwendet – für ein neues «Wursterlebnis» garantiert dieses Rezept in jedem Fall. Das Geheimnis liegt bei den Apfelschnitzen, die zusammen mit den Bratwürsten geschmort werden. Klassische Beilage zu diesem Gericht aus Grossmutters Küche sind Hörnli, die man zum Servieren mit in Butter geröstetem Paniermehl bestreut.

4 säuerliche Äpfel
Saft von 1/2 Zitrone
1 grosse Zwiebel
1 Esslöffel Bratbutter
4 Schweinsbratwürste, Bratwurstschnecken oder ca. 600 g Bratwurst am Meter
1 Esslöffel Butter
150 ml Weisswein
4 kleine Rosmarinzweige

1 Die Äpfel nach Belieben schälen, in Schnitze schneiden und das Kerngehäuse entfernen. Sofort mit dem Zitronensaft mischen, damit sie sich nicht braun verfärben.
2 Die Zwiebel schälen und fein hacken.
3 In einer Bratpfanne die Bratbutter erhitzen. Die Würste darin beidseitig 5 Minuten anbraten.
4 Nun die Butter beifügen. Die Zwiebeln um die Würste herum verteilen und andünsten. Mit dem Weisswein ablöschen. Die Apfelschnitze und die Rosmarinzweige dazulegen und alles bei kleiner Hitze weitere 8–10 Minuten fertig schmoren.

Für den Kleinhaushalt 2 Personen: Zutatenmengen halbieren, jedoch 100 ml Weisswein verwenden. 1 Person: Zutatenmengen vierteln, jedoch 4–6 Esslöffel Weisswein verwenden.

Fleischkäse im Teig

Ob man den feinen Delikatessfleischkäse oder den etwas gröberen Bauernfleischkäse für dieses Gericht verwendet, hängt von der persönlichen Vorliebe ab. Auch Lyonerwurst eignet sich gut.

4 Scheiben Fleischkäse, je ca. 1 cm dick geschnitten
1 Esslöffel körniger Senf
100 g Greyerzer
2 Tomaten
Salz, Pfeffer
1 Paket rechteckig ausgewallter Blätterteig (enthält 2 Rollen)
1 Eigelb
1 Teelöffel Rahm

1 Die Fleischkäsescheiben auf der einen Seite mit Senf bestreichen. Den Käse in dünne, die Tomaten in dicke Scheiben schneiden.
2 Die erste Teigrolle auf der Arbeitsfläche auslegen und vierteln. Auf jedes Teigstück eine Scheibe Fleischkäse – Senfseite nach oben – legen. Darauf die Käsescheiben verteilen und zuletzt mit den Tomaten bedecken. Diese mit Salz und Pfeffer leicht würzen.
3 Die Teigränder mit Wasser bestreichen. Die zweite Teigrolle ebenfalls vierteln. Je ein Teigstück über die belegten Fleischkäsescheiben legen, die Ränder auf eine Breite von 2 cm zurückschneiden und mit einer Gabel gut andrücken. Eigelb und Rahm verrühren und die Oberfläche des Teigs damit bestreichen.
4 Den Fleischkäse im Teig im auf 220 Grad vorgeheizten Ofen auf der zweituntersten Rille etwa 15 Minuten goldbraun backen. Heiss servieren.

Für den Kleinhaushalt 2 Personen: Zutatenmengen halbieren; eventuell auf das Bestreichen mit Eigelb verzichten. 1 Person: Zutatenmengen vierteln; eventuell auf das Bestreichen mit Eigelb verzichten.

Bratwursttoast

Bratwurst einmal anders: Das herausgedrückte Schweinsbrät wird mit Käse, Kräutern und Tomatenpüree verfeinert, auf Toastbrotscheiben gestrichen und im Ofen gebacken. Anstelle von Schweinsbratwurst kann man auch Kalbsbrät verwenden. In diesem Fall anstelle von Tomatenpüree die gleiche Menge Crème fraîche oder Doppelrahm beifügen.

4 Schweinsbratwürste (ca. 400 g)
1 Bund Petersilie
4 Zweige Oregano
1 Bund Schnittlauch
60 g geriebener Sbrinz oder Parmesan
2 Esslöffel Paniermehl
4 Esslöffel Tomatenpüree
schwarzer Pfeffer aus der Mühle
8–10 Scheiben Toastbrot
2 mittlere Tomaten
Salz
40 g geriebener Sbrinz oder Parmesan

1 Das Brät aus der Wursthaut in eine Schüssel drücken. Petersilie und Oregano fein hacken, den Schnittlauch in Röllchen schneiden. Mit dem Käse, dem Paniermehl, dem Tomatenpüree und einigen Umdrehungen frisch gemahlenem Pfeffer zum Brät geben. Alles gut mischen.
2 Die Brätmasse auf Toastbrotscheiben streichen und diese auf ein mit Backpapier belegtes Blech geben. Die Tomaten in 8–10 Scheiben schneiden, leicht salzen und pfeffern und die Toasts damit belegen. Mit der zweiten Portion Käse bestreuen.
3 Die Bratwursttoasts im auf 220 Grad vorgeheizten Ofen auf der zweituntersten Rille 12–15 Minuten backen.

Für den Kleinhaushalt 2 Personen: Zutatenmengen halbieren. Siehe auch Zubereitungstipp bei der 1-Personen-Menge. 1 Person: Zutatenmengen vierteln. Die Toasts zuerst auf der Brätseite in etwas Butter in der Bratpfanne braten. Wenden, erst dann mit den Tomatenscheiben belegen und mit dem Käse bestreuen und bei geschlossenem Deckel fertig braten, bis der Käse geschmolzen ist.

Geflügelleber mit Champignons

Fleischkäse im Teig

Schweinsbratwürste mit Äpfeln

Bratwursttoast

Lachsfilet an Basilikumsauce

Nicht nur Fleisch, sondern auch Fisch bekommt das Nachgaren im Ofen bei Niedertemperatur gut. Auf diese Weise bleibt er schön saftig, und zudem kann man so Sauce und Beilagen in aller Ruhe fertigstellen. Anstelle von Basilikum kann man für dieses Gourmet-Fischgericht auch Dill oder im Frühjahr Bärlauch verwenden.

8 Tranchen Lachsfilet, je ca. 3 cm dick geschnitten
Saft von 1/2 Limone oder Zitrone
Salz, schwarzer Pfeffer aus der Mühle
1 Bund Basilikum
1 Esslöffel Bratbutter
150 ml Weisswein
4–6 Esslöffel weisser Portwein oder trockener Sherry
2–3 Esslöffel Rahm
60 g Butter

1 Den Ofen auf 80 Grad vorheizen und eine Platte mitwärmen.
2 Die Lachsfilets mit den Fingern nach Gräten abtasten und diese entfernen. Den Fisch mit dem Limonen- oder Zitronensaft beträufeln, mit Salz und Pfeffer würzen.
3 Die Basilikumblätter in hauchfeine Streifen schneiden.
4 Eine Bratpfanne leer erhitzen. Die Bratbutter darin aufschäumen lassen und die Lachsfilets hineingeben. Auf beiden Seiten während insgesamt etwa 4 Minuten braten. Dann sofort auf die vorgewärmte Platte geben und im 80 Grad heissen Ofen kurz nachziehen lassen.
5 Den Bratensatz mit dem Weisswein und dem Portwein oder Sherry ablöschen. Gut zur Hälfte einkochen lassen. Den Rahm und das Basilikum beifügen und aufkochen. Die Butter in Flocken beifügen und in die Sauce einziehen lassen. Mit Salz und Pfeffer abschmecken. Die Sauce über die Lachsfilets geben und sofort servieren.

Für den Kleinhaushalt 2 Personen: Zutatenmengen halbieren, jedoch für die Sauce 100 ml Weisswein und 3–4 Esslöffel Portwein oder Sherry verwenden. 1 Person: Zutatenmengen vierteln, für die Sauce jedoch gut 4 Esslöffel Weisswein und 1–2 Esslöffel Portwein oder Sherry verwenden.

Fischragout mit Erbsen

Im Ofen gebackene Forelle

Fischragout mit Erbsen

Kabeljau- oder Baudroiebäggli sind eine geschätzte Spezialität, da sie keine Gräten enthalten. Allerdings sind sie nicht immer erhältlich. Ersetzt werden können sie problemlos durch Kabeljau- oder Baudroiefilets, die man in Würfel schneidet. Auch andere festfleischige Fischfilets eignen sich; am besten erkundigt man sich nach dem Tagesangebot.

500 g Kabeljau- oder Seeteufelbäggli
2 Esslöffel Zitronensaft
Salz, schwarzer Pfeffer aus der Mühle
4–6 Esslöffel Noilly Prat (trockener Wermut)
100 ml Weisswein
100 ml Saucenrahm
200 g tiefgekühlte Erbsen

1 Die Bäggli je nach Grösse eventuell halbieren. Mit dem Zitronensaft beträufeln und mit Salz und Pfeffer würzen.
2 In einer weiten Pfanne Noilly Prat und Weisswein aufkochen. Die Bäggli hineingeben und darin zugedeckt 4–5 Minuten gar ziehen lassen. Sorgfältig herausheben und warm stellen.
3 Den Sud bei grosser Hitze zur Hälfte einkochen lassen. Den Saucenrahm sowie die Erbsen beifügen und zugedeckt bei kleiner Hitze 5 Minuten kochen lassen.
4 Den Fisch wieder beifügen und nur noch gut heiss werden lassen.
Als Beilage passen ein Trockenreis oder Salzkartoffeln.

Für den Kleinhaushalt 2 Personen: Zutatenmengen halbieren, jedoch zum Pochieren des Fischs die rezeptierte Flüssigkeitsmenge verwenden; diese anschliessend stark einkochen lassen, dann 75 ml Saucenrahm beifügen. 1 Person: Zutatenmengen vierteln, jedoch zum Pochieren des Fisches 2–3 Esslöffel Noilly Prat und 4–6 Esslöffel Weisswein, zum Fertigstellen der Sauce 4 Esslöffel Saucenrahm verwenden.

Im Ofen gebackene Forelle

Keine Angst vor ganzen Fischen: Dieses Forellenrezept zeigt, wie unkompliziert deren Zubereitung ist. Auch Lachsforellen, Saiblinge oder Felchen können auf diese Weise gegart werden. Forellen immer am Tag des Einkaufs, also möglichst frisch, zubereiten.

4 Forellen, küchenfertig vorbereitet
Salz, schwarzer Pfeffer aus der Mühle
1 Zitrone oder Limone
1 Bund Salbei
40 g Butter
2 Knoblauchzehen
60 g Butter
80 g Paniermehl

1 Die Forellen innen und aussen mit Salz und Pfeffer würzen. Die Zitrone oder Limone halbieren und jede Hälfte in dünne Scheibchen schneiden. Mit der Hälfte der Salbeiblätter sowie einigen Butterflocken in die Fischbäuche verteilen. Die Forellen auf ein Blech oder in eine grosse feuerfeste Form legen.
2 Die Forellen im auf 200 Grad vorgeheizten Ofen auf der zweituntersten Rille je nach Grösse 15–18 Minuten backen.
3 Inzwischen die restlichen Salbeiblätter hacken. Den Knoblauch schälen und ebenfalls hacken. Beides in der zweiten Portion Butter andünsten. Dann das Paniermehl beifügen und hellbraun rösten. Leicht mit Salz und Pfeffer würzen.
4 Die Fische auf vorgewärmte Teller anrichten. Die Salbeibrösel separat zum filetierten Fisch servieren.

Für den Kleinhaushalt 2 Personen: Zutatenmengen halbieren. 1 Person: Zutatenmengen vierteln.

Seezungenfilets an Limonenrahm

Seezungenfilets – französisch Filets de sole – können von sehr unterschiedlicher Grösse sein. Bei grossen Filets empfiehlt es sich, diese der Länge nach zu halbieren. Das gleiche Rezept eignet sich auch für die Zubereitung von Rotzunge, Flunder oder Eglifilets.

6–8 Seezungenfilets, je nach Grösse
Saft von 1/2 Limone
Salz, Pfeffer
60 g weiche Butter
2 Prisen Salz
1 Teelöffel Mehl
abgeriebene Schale und Saft von 1/2 Limone
1 Schalotte oder kleine Zwiebel
1/2 Esslöffel Butter
150 ml Weisswein
200 ml Rahm

1 Die Fischfilets mit dem Limonensaft beträufeln, mit Salz und Pfeffer würzen.
2 Die Butter und das Salz in eine Schüssel geben und so lange rühren, bis sich kleine Spitzchen bilden. Mehl, Limonenschale und -saft beifügen, alles gut unterarbeiten.
3 Die Fischfilets auf der Seite mit der Silberhaut mit der Limonenbutter bestreichen und aufrollen.
4 Die Schalotte oder Zwiebel schälen und sehr fein hacken. In einer weiten Pfanne in der Butter glasig dünsten. Mit dem Weisswein ablöschen und aufkochen. Die Fischröllchen hineinsetzen und zugedeckt 5 Minuten gar ziehen lassen. Sorgfältig herausheben und warm stellen.
5 Den Sud bei grosser Hitze gut zur Hälfte einkochen lassen. Dann den Rahm beifügen und wieder so lange reduzieren, bis die Sauce leicht cremig bindet. Mit Salz und Pfeffer abschmecken.
6 Die Fischfiletröllchen auf vorgewärmten Tellern anrichten und mit Sauce umgiessen. Nach Belieben mit Limonenscheiben und/oder Limonenschalenstreifchen garnieren.

Für den Kleinhaushalt 2 Personen: Zutatenmengen halbieren, jedoch zum Dünsten 100 ml Weisswein verwenden. 1 Person: Zutatenmengen vierteln, jedoch zum Dünsten 6 Esslöffel Weisswein verwenden.

Seezungenfilets
an Limonenrahm

Thunfischspiesschen
auf Cherrytomatensalat

Thunfischspiesschen auf Cherrytomatensalat

Thunfisch gehört zu den kostbarsten und feinsten Fischspezialitäten, nicht zuletzt deshalb, weil er keine Gräten aufweist und ähnlich wie Kalbfleisch schmeckt. Auf dieselbe Art lassen sich übrigens Spiesse mit Fleisch von Pouletbrüstchen zubereiten. Wer es nicht gerne scharf mag, verwendet anstelle der Currypaste ein mildes Currypulver, das man mit etwas Kokosmilch (aus der Dose) oder Rahm verrührt; die restliche Zubereitung der Marinade bleibt sich gleich.

Salat:
500 g Cherrytomaten
Salz, schwarzer Pfeffer aus der Mühle
2 Frühlingszwiebeln
1/2 Bund Koriander oder glattblättrige Petersilie
1 Esslöffel Limonen- oder Zitronensaft
1 Esslöffel Weissweinessig
4 Esslöffel Olivenöl

Fischspiesschen:
400–500 g Thunfischfilet
1 Esslöffel grüne oder rote Currypaste
2 Esslöffel Orangensaft
2 Esslöffel Limonen- oder Zitronensaft
1–2 Esslöffel helle Sojasauce
2–3 Esslöffel Olivenöl

1 Die Cherrytomaten je nach Grösse halbieren oder vierteln. Mit etwas Salz und Pfeffer würzen. Die Frühlingszwiebeln mitsamt schönem Grün fein schneiden. Korianderblättchen von den Zweigen zupfen; verwendet man Petersilie, diese grob hacken.
2 Limonen- oder Zitronensaft, Essig, Olivenöl sowie etwas Salz und Pfeffer verrühren. Die vorbereiteten Salatzutaten untermischen. Kurz ziehen lassen.
3 Das Thunfischfilet quer in etwa 1 cm breite Streifen schneiden. Die Fischstreifen auf vier lange Holzspiesse stecken.
4 Für die Marinade die Currypaste mit Orangensaft, Limonen- oder Zitronensaft sowie Sojasauce verrühren. Mit einem Pinsel die Fischspiesse damit bestreichen.
5 In einer beschichteten Bratpfanne das Olivenöl erhitzen. Die Fischspiesse darin von beiden Seiten etwa 5 Minuten braten. Auf dem Tomatensalat anrichten.

Für den Kleinhaushalt 2 Personen: Zutatenmengen halbieren. 1 Person: Zutatenmengen vierteln.

Und zuletzt etwas Süsses

Kleine Desserts zum Abrunden

Mascarpone-Beeren-Creme

Eine vielseitige Creme, denn sie kann mit jeder Beerensorte – auf dem Foto mit Johannisbeeren –, aber auch mit Aprikosen, Pfirsichen, Mango oder Passionsfrüchten zubereitet werden. Stellt man die Creme einige Zeit kalt, kann sie sogar mit einem Löffel in Nocken abgestochen werden. Verwenden Sie unbedingt Bourbon-Vanillezucker, also aus natürlichen Vanilleschoten hergestellten Vanillezucker, und nicht den künstlichen Vanillinzucker, der in dieser Menge in der Creme leicht bitter schmecken würde.

2 Eigelb
nach Belieben 2 Esslöffel Kirsch
60 g Zucker
250 g Mascarpone
2 Eiweiss
100 ml Rahm
300 g Johannisbeeren, Himbeeren oder andere Früchte (siehe Tipp oben)
2 Päckchen Bourbon-Vanillezucker

1 Die Eigelbe, den Kirsch und den Zucker zu einer hellen, dicklichen Creme aufschlagen. Den Mascarpone mit dem Schwingbesen sorgfältig unterarbeiten. Auf keinen Fall das Handrührgerät verwenden; durch zu starkes Schlagen kann der Mascarpone zu Butter ausflocken.
2 Die Eiweisse und anschliessend den Rahm steif schlagen. Zuerst den Rahm, dann den Eischnee unter die Mascarponecreme ziehen.
3 Beeren (oder andere Früchte) mit dem Vanillezucker im Mixer oder mit dem Stabmixer pürieren. Durch ein Sieb streichen, um die Kerne zu entfernen.
4 Das Beeren- oder Fruchtpüree unter die Mascarponecreme ziehen, so dass eine schöne Marmorierung entsteht. In Dessertschalen füllen und nach Belieben mit Beeren oder Früchten garnieren.

Für den Kleinhaushalt 2–3 Personen: Zutatenmengen halbieren. 1 Person: Die Creme kann nicht in kleinerer Menge als die 2-Personen-Portion zubereitet werden.

Mango mit Orangen-Karamell

Dieses erfrischende Dessert kann im Sommer auch sehr gut mit Pfirsichen, Nektarinen oder Aprikosen zubereitet werden. Die Pistazien lassen sich durch Mandelblättchen ersetzen; diese vor Verwendung in einer trockenen Pfanne ohne Fettzugabe leicht rösten.

4 Esslöffel Zucker
¹/₄ l frisch gepresster Orangensaft (von 3–4 grossen Orangen)
nach Belieben 2 Esslöffel Grand Marnier
2 Esslöffel grüne Pistazien
4 reife Mangos

1 Den Zucker in einer kleinen Pfanne bei mittlerer Hitze langsam zu hellbraunem Karamell schmelzen. Vorsichtig – es entsteht dabei Dampf! – den Orangensaft dazugiessen. Bei mittlerer bis grosser Hitze zu einem leichten Sirup einkochen lassen. Nach Belieben mit Grand Marnier parfümieren. Etwas abkühlen lassen.
2 Die Pistazien grob hacken.
3 Die Mangos dünn schälen. Das Fruchtfleisch um den Kern herum in Scheiben abschneiden. Auf Dessertellern anrichten. Mit dem Orangenkaramell übergiessen und mit Pistazien bestreuen. Nach Belieben je eine Kugel Vanilleglace oder Mangosorbet dazu servieren.

Tipp: Die kunstvolle Zuckergarnitur lässt sich einfach zubereiten: Karamellisierten Zucker in Fäden auf Backpapier giessen und abkühlen lassen.

Für den Kleinhaushalt 2 Personen: Zutatenmengen halbieren. 1 Person: Zutatenmengen vierteln, jedoch 1 gehäuften Esslöffel Zucker und 75 ml Orangensaft verwenden.

Mascarpone-Beeren-Creme

Mango mit Orangen-Karamell

Überbackene Pfirsiche mit Amaretti

Warme Kirschen mit Vanilleglace

Überbackene Pfirsiche mit Amaretti

In Amaretto, dem italienischen Mandellikör, eingeweichte Mandelmakronen sind die Füllung dieser im Ofen gebackenen Pfirsiche. Auf die gleiche Weise kann man auch Aprikosen oder Nektarinen zubereiten.

4 Esslöffel Amaretto oder Grand Marnier
1 Esslöffel heisses Wasser
8 Amaretti
4 Pfirsiche
4 Esslöffel Honig
100 ml Weisswein

1 Den Amaretto oder Grand Marnier mit dem heissen Wasser mischen. Die Amaretti damit beträufeln.
2 Die Pfirsiche kurz in kochendes Wasser tauchen, schälen, halbieren und den Stein entfernen. In eine Gratinform setzen und die Amaretti sorgfältig in die Höhlungen der Pfirsiche setzen. Die Pfirsiche mit dem Honig beträufeln und mit Weisswein umgiessen.
3 Die Pfirsiche im auf 200 Grad vorgeheizten Ofen auf der zweituntersten Rille 15–20 Minuten backen. Heiss, lauwarm oder ausgekühlt servieren.
Nach Belieben serviert man als Beilage flaumig geschlagenen Vanillerahm oder Vanilleglace.

Für den Kleinhaushalt 2 Personen: Zutatenmengen halbieren, jedoch zum Überbacken 100 ml Weisswein beibehalten. 1 Person: Zutatenmengen vierteln, jedoch zum Backen mindestens 4 Esslöffel Weisswein verwenden.

Warme Kirschen mit Vanilleglace

Wer keinen Kirschenentsteiner besitzt, kann es nach Grossmutters Art versuchen: Eine Büroklammer auseinander biegen, diese am Stielansatz der Kirschen hineindrücken und den Stein hochheben und herausdrücken. Die Alternative: Man überlässt den Gästen das Kirschsteinespucken! Auf dieselbe Weise kann man übrigens ein Brombeerkompott kochen, nach Belieben auch aus tiefgekühlten Früchten. Die Brombeeren haben eine noch etwas kürzere Kochzeit als die Kirschen, nämlich nur gerade 2 Minuten, sonst zerfallen sie.

500 g Kirschen
4 Esslöffel Cassislikör
150 ml Rotwein
50 g Zucker
½ Zimtstange
abgeriebene Schale von ½ Orange
4 Kugeln Vanilleglace

1 Die Kirschen waschen und entsteinen, dabei den Saft auffangen.
2 Cassislikör, Rotwein, Zucker, Zimtstange und Orangenschale zusammen aufkochen und bei kleiner Hitze 5 Minuten kochen lassen. Dann die Kirschen mitsamt entstandenem Saft beifügen und zugedeckt bei kleiner Hitze 5 Minuten leise kochen lassen. Mit einer Schaumkelle sorgfältig herausheben und in tiefe Teller oder Dessertschalen anrichten.
3 Den Sud bei grosser Hitze noch etwas einkochen lassen. Dann heiss über die Kirschen verteilen. Je eine Kugel Vanilleglace darauf setzen und sofort servieren.

Für den Kleinhaushalt 2 Personen: Zutatenmengen halbieren. 1 Person: Zutatenmengen vierteln, jedoch für den Sud 2 Esslöffel Cassislikör, 75 ml Rotwein sowie 1 gehäuften Esslöffel Zucker verwenden.

Himbeerschnee

Eine leichte Creme auf der Basis von Joghurt, Rahm und Eischnee, die sich auch mit Heidelbeeren, Johannisbeeren oder Brombeeren zubereiten lässt. Auch tiefgekühlte Früchte eignen sich hervorragend.

500 g Himbeeren
2 Esslöffel Zucker
150 ml Rahm
ca. 350 g Joghurt nature
Saft von 1/2 Zitrone
2 Eiweiss
2 Esslöffel Zucker
1 Päcken Bourbon-Vanillezucker

1 Die Hälfte der Himbeeren beiseite stellen. Die restlichen Himbeeren mit dem Zucker pürieren und durch ein Sieb streichen, um die Kerne zu entfernen.
2 Den Rahm steif schlagen. Den Joghurt in einer Schüssel mit dem Zitronensaft glatt rühren. Den Rahm darunter ziehen.
3 Die Eiweisse sehr schaumig aufschlagen. Dann löffelweise unter Weiterrühren den Zucker und den Vanillezucker einrieseln lassen, bis die Masse glänzend weiss ist. Sorgfältig unter die Joghurtcreme ziehen. Zuletzt die Himbeeren unterheben.
4 Das Himbeerpüree in Gläser oder Dessertschalen füllen. Darüber die Himbeerjoghurtcreme geben. Nach Belieben mit Beeren garnieren.

Für den Kleinhaushalt 2 Personen: Zutatenmengen halbieren. 1 Person: Die Creme kann nicht in kleinerer Menge als in der 2-Personen-Portion zubereitet werden – also einen Gast dazu einladen!

Karamellisiertes Brombeerkompott

Brombeeren gehören zu jenen Früchten, die sich sehr gut tiefkühlen lassen, so dass man das ganze Jahr hindurch auf sie zurückgreifen kann. Anstelle von Brombeeren können für dieses Dessert aber auch frische halbierte oder geviertelte Feigen, Pfirsich- oder Mangoschnitze verwendet werden.

80 g Zucker
1 Esslöffel Butter
200 ml roter Portwein oder Madeira
Saft von 1/2 Orange
1 Esslöffel Zitronensaft
500 g Brombeeren, eventuell tiefgekühlt

1 Den Zucker in einer mittelgrossen Pfanne zu hellbraunem Karamell schmelzen. Die Butter dazugeben und aufschäumen lassen, dann sofort mit dem Portwein oder Madeira ablöschen. Orangen- und Zitronensaft beifügen. Alles bei grosser Hitze leicht sirupartig einkochen lassen.
2 Die Brombeeren beifügen und nur noch gut heiss werden lassen. In Dessertschalen anrichten und abkühlen lassen.
Nach Belieben mit geschlagenem Rahm servieren.

Für den Kleinhaushalt 2 Personen: Zutatenmengen halbieren, jedoch 2 Esslöffel Orangen- und 1 Esslöffel Zitronensaft verwenden. 1 Person: Zutatenmengen vierteln, jedoch 150 g Brombeeren, 100 ml Portwein, 2 Esslöffel Orangen- und 1 Esslöffel Zitronensaft verwenden, damit sich der Karamellzucker gut auflösen kann.

Himbeerschnee

Karamellisiertes
Brombeerkompott

Bratäpfel mit Quark-Mandel-Füllung

Apfelkompott mit Rosinen

Bratäpfel mit Quark-Mandel-Füllung

Ein altmodisches Dessert, das feiner nicht sein könnte: gefüllte Äpfel im Ofen gebacken. Es passt zu jeder Jahreszeit, mit Ausnahme vielleicht des Sommers, doch dann kann man die Äpfel in Folie verpackt auf dem Grill zubereiten. Und im Winter können sie in doppelter Portion zubereitet auch einmal eine kleine süsse Mahlzeit sein, zu der man voraus eine währschafte Suppe serviert.

4 grosse Äpfel
Saft von 1/2 Zitrone
4 Teelöffel Quitten- oder Johannisbeergelee
150 g Rahmquark
2 Eigelbe
4 Esslöffel gemahlene Mandeln
1 Päckchen Bourbon-Vanillezucker
2 Esslöffel Zucker

1 Von den Äpfeln einen Deckel abschneiden, den Stiel, falls vorhanden, daran lassen. Mit einem Pariserlöffel (Kugelausstecher) oder einem kleinen, spitzen Küchenmesser das Kerngehäuse grosszügig herausstechen, damit genügend Platz für die Füllung entsteht.
2 Den Zitronensaft mit dem Gelee verrühren und in die Apfelhöhlungen füllen. Quark, Eigelbe, Mandeln, Vanillezucker und Zucker verrühren. Die Masse in die Äpfel verteilen. Diese in eine gebutterte Gratinform setzen und die Deckel darauf legen.
3 Die Äpfel im auf 200 Grad vorgeheizten Ofen auf der zweituntersten Rille je nach Sorte 15–20 Minuten backen. Heiss oder lauwarm servieren.

Für den Kleinhaushalt 2 Personen: Zutatenmengen halbieren. 1 Person: Zutatenmengen vierteln.

Apfelkompott mit Rosinen

Ein kalorienfreundliches Dessert, das warm genauso gut schmeckt wie auf Vorrat für 2–3 Tage. Nach Belieben lässt es sich mit Vanilleglace, Apfelsorbet oder flaumig geschlagenem Rahm servieren – dies sind dann die Luxusvarianten.

8 säuerliche Äpfel
2–3 Esslöffel Zucker
1 Hand voll Rosinen
1 Vanilleschote
150 ml Weisswein

1 Die Äpfel schälen, vierteln, das Kerngehäuse entfernen und die Früchte in dicke Schnitze schneiden. Mit dem Zucker, den Rosinen, der aufgeschlitzten Vanilleschote und dem Weisswein in eine Pfanne geben.
2 Zugedeckt je nach Apfelsorte 4–6 Minuten nicht zu weich kochen. Lauwarm oder ausgekühlt servieren.

Für den Kleinhaushalt 2 Personen: Zutatenmengen halbieren, jedoch 100 ml Weisswein verwenden. 1 Person: Zutatenmengen vierteln, jedoch 75 ml Weisswein verwenden.

Melonensalat

Für die Zubereitung dieses erfrischenden Desserts eignen sich alle Melonensorten ausser Wassermelone. Nach Belieben kann man dem Melonensalat eine Hand voll Himbeeren oder frische, in Streifen geschnittene Datteln beifügen.

2 Melonen
2–3 Esslöffel Honig
6 Esslöffel weisser Portwein
4–6 Blätter frische Minze oder Zitronenmelisse

1 Die Melonen halbieren und die Kerne entfernen. Dann das Fruchtfleisch entweder mit einem Kugelausstecher ausstechen oder mit einem scharfen Messer aus der Schale schneiden und würfeln.
2 Honig und Portwein verrühren. Über die Melonen verteilen.
3 Minze oder Zitronenmelisse in hauchfeine Streifen schneiden. Unter den Melonensalat mischen. In Dessertschalen anrichten. Bis zum Servieren kühl stellen.

Für den Kleinhaushalt 2 Personen: Zutatenmengen halbieren. 1 Person: Zutatenmengen vierteln.

Karibische Bananen

Wer das Filetieren von Orangen, das heisst das Auslösen der Schnitze aus den Trennhäuten, scheut, kann auch eine einfache Variante des Rezepts wählen: Den Saft einer Orange auspressen, zusammen mit dem Limonensaft und dem Rum über die angebratenen Bananen geben und das Dessert nach Rezept fertigstellen. Anstelle von Rum kann man auch Orangenlikör verwenden.

4 Orangen
1 Limone
4 Bananen
40 g Butter
40 g brauner Zucker
1 Päckchen Bourbon-Vanillezucker
6 Esslöffel Rum

1 Die Orangen mit einem scharfen Messer wie einen Apfel mitsamt der weissen Haut schälen. Dann die Schnitze aus den Trennhäuten schneiden; dabei über einer Schüssel arbeiten, um den austretenden Saft aufzufangen. Auch aus den verbliebenen Trennhäuten den Saft gut ausdrücken.
2 Den Saft der Limone auspressen und zum Orangensaft geben.
3 Die Bananen schälen und je nach Grösse dritteln oder vierteln.
4 In einer beschichteten Bratpfanne die Butter schmelzen. Die Bananen darin anbraten. Zucker und Vanillezucker darüber streuen, die Orangenschnitze, den Orangen-Limonen-Saft sowie den Rum beifügen, aufkochen und alles 3 Minuten bei grosser Hitze kochen lassen. Dabei die Früchte regelmässig mit Jus übergiessen. Sofort sehr heiss servieren.
Nach Belieben mit Vanille- oder Kokosglace anrichten.

Für den Kleinhaushalt 2 Personen: Zutatenmengen halbieren. 1 Person: Zutatenmengen halbieren, jedoch zusätzlich den Saft von 1/2 Orange für die Sauce verwenden.

Melonensalat

Karibische Bananen

Ananascreme

Frische Ananas sind zwar auch bei uns längst das ganze Jahr hindurch erhältlich. Für diese schnelle Creme sollte man jedoch auf Früchte aus der Dose zurückgreifen. Dies nicht wegen der schnelleren Zubereitungszeit, sondern weil frische Ananas Bromelin enthält, ein eiweissspaltendes Enzym, welches die Frucht besonders bekömmlich macht. Es hat jedoch den Nachteil, dass es sich nicht mit Rahm und anderen Milchprodukten sowie Gelatine verträgt. Cremen werden schon bald nach der Zubereitung flüssig und schmecken bitter. Das Bromelin wird zerstört, wenn man frische Ananas kurz erhitzt. Deshalb sind ungezuckerte Ananas aus der Dose ideal für die Zubereitung dieses Desserts.

250 g Ananas aus der Dose, wenn möglich ungezuckerte Qualität, abgetropft gewogen
2 Eigelb
60 g Zucker
4 Esslöffel Ananassaft
1 Esslöffel Zitronensaft
300 ml Rahm

1 Die Ananasscheiben in Stücke schneiden.
2 Eigelbe und Zucker zu einer fast weissen, dicken Creme aufschlagen; dies dauert etwa 10 Minuten. Dann den Ananas- und Zitronensaft sowie die Ananasstücke unterziehen.
3 Den Rahm sehr steif schlagen. Sorgfältig unter die Creme ziehen und diese sofort servieren.

Tipp: Nach Belieben die Eigelbe durch QimiQ (Fertigprodukt auf Halbrahmbasis) ersetzen; dies gibt der Creme besseren Halt, falls man sie einige Zeit im Voraus zubereitet.

Für den Kleinhaushalt 2 Personen: Zutatenmengen halbieren. 1 Person: Ebenfalls die halbe Rezeptmenge zubereiten und einen Gast dazu einladen.

Gefüllte «Schuhsohlen»

Was nicht sehr verheissungsvoll tönt, schmeckt hinreissend: Die «Schuhsohlen» sind nämlich nichts anderes als gezuckerte Blätterteigkissen, die beim Backen leicht karamellisieren. Man kann sie übrigens auch in der Grösse tatsächlicher Schuhsohlen zubereiten, dünn mit steif geschlagenem Rahm bestreichen und mit einer zweiten Teiglage bedecken – für mich eine der schönsten kulinarischen Kindheitserinnerungen. In diesem Rezept sind die Blätterteigkissen kleiner, dafür nicht nur mit Rahm, sondern auch mit Beeren gefüllt, eine Art schnelle Cremeschnitte also. Die gebackenen, ungefüllten Kissen bleiben übrigens in einer gut verschliessbaren Dose 1–2 Wochen frisch und schmecken auch solo sehr gut.

Zucker zum Auswallen
ca. 300 g Blätterteig
¹/₄ l Rahm
1 Päckchen Rahmhalter (Sahnesteif)
1 Päckchen Bourbon-Vanillezucker
250 g Beeren, je nach Saison, eventuell gemischt

1 Die Arbeitsfläche mit reichlich Zucker bestreuen; nicht sparen, sonst karamellisiert die Oberfläche der Teigkissen nicht richtig! Den Blätterteig auf dem Zucker gut 3 mm dick auswallen. Rondellen von 8–10 cm Durchmesser ausstechen und diese mit dem Teigroller zu einem Oval drücken. Auf ein mit Backpapier belegtes Blech legen.
2 Die Blätterteigkissen im auf 220 Grad vorgeheizten Ofen auf der mittleren Rille 12–15 Minuten goldbraun backen. Sofort vom Blech nehmen und auskühlen lassen.
3 Kurz vor dem Servieren den Rahm mit dem Rahmhalter und dem Vanillezucker steif schlagen. Auf jedes Blätterteigkissen einen Klacks Rahm geben, Beeren hineindrücken und mit einem zweiten Kissen bedecken.

Für den Kleinhaushalt 2 Personen: Zutatenmengen halbieren. 1 Person: Die Blätterteigkissen in der 2-Personen-Menge zubereiten – sie schmecken auch ungefüllt ausgezeichnet, zum Beispiel als Konfekt zum Kaffee oder Tee.

Gefüllte «Schuhsohlen»

Ananascreme

REZEPTVERZEICHNIS

Vorspeisen und kleine Gerichte

Suppen

Pasta, Reis und mehr

Gemüsegerichte

Fleisch- und Fischgerichte

Desserts